Il Cattolicesimo:

Effetti Negativi sui Costumi

Francesco Belfiore

Indice

Introduzione

In questo libro mi sono proposto di descrivere, in base alla mia ormai lunga esperienza, il modo in cui il Cattolicesimo è percepito dalla maggioranza dei cattolici e le conseguenze negative che il Cattolicesimo, in tal modo percepito, ha sulla vita individuale e sociale. Questo mio intento esclude ogni tentativo "dottrinale" volto a definire il vero significato dei vari temi trattati secondo la dottrina cattolica, perché un tale tentativo interesserebbe soltanto una minoranza dei cattolici, che io credo non superi il 4–5% e che potremmo indicare come la *minoranza illuminata*. Interesserebbe, cioè, coloro che appartengono alla classe dei cosiddetti intellettuali o, più precisamente, alla classe degli intellettuali impegnati nel campo della cultura umanistica; mentre io mi propongo qui di descrivere il modo in cui la maggioranza

1

dei cattolici, che io credo vada oltre il 95-96%, percepisce tali temi e reagisce ad essi.

Ne segue che questo mio libro si differenzia nettamente dai libri (di Medicina e di Filosofia) che ho scritto in passato, ricchissimi di citazioni e di riferimenti bibliografici. Qui il lettore troverà soltanto una semplice descrizione del modo in cui la "gente comune", a cui appartiene la stragrande maggioranza dei cattolici, vive alcuni aspetti del Cattolicesimo. Così, ad esempio, sarebbe qui fuor di luogo tentare di discutere sul significato dell'infallibilità del Papa, dei suoi rapporti con l'autorità collegiale dell'intero episcopato o con quella del concilio ecumenico, la sua limitazione, ecc., poiché per la gente comune esiste solo una semplice verità: *il Papa è infallibile*. Punto. Riferendoci a un campo completamente diverso, potremmo dire che la stessa considerazione vale per capire, ad esempio, l'influenza che esercitano i "maghi" su molta gente. Numerose persone, di vari ceti sociali e di diverso livello culturale, ascoltano con fiducia i "consigli" dati, dietro pagamento, dai "maghi" perché percepiscono questi ultimi come soggetti che possiedono speciali "poteri" che li rendono capaci di prevedere il futuro o di esercitare altre misteriose influenze. Al fine di capire questo comportamento è sufficiente l'*osservazione* attenta della gente comune; ci si rende così conto di come molte persone razionalmente "concepiscono" ed emotivamente "sentono" la figura del mago e, conseguentemente, come modificano il loro comportamento in base ai suggerimenti che il mago loro propina. Impegnarsi nella *dimostrazione* che i consigli del mago sono privi di fondamento e frutto di ciarlataneria significherebbe proporsi un fine diverso. Questo libro non è indirizzato a *dimostrare* o a *spiegare* ciò che il Cattolicesimo è, ma a *osservare* come esso viene percepito dai più.

Quanto sopra esposto non deve far pensare che i *cattolici illuminati* (che, come ho accennato, credo rappresentino il 4–5% di tutti i cattolici) coincidano con i membri delle alte sfere del clero e con gli studiosi di dottrina cattolica. Infatti, alcune posizioni, che io ritengo ingiustificate (come, ad esempio, l'esclusione delle donne o la condanna di ogni atto sessuale non diretto alla procreazione), sono difese proprio dall'alto clero e dalla dottrina cattolica. La minoranza dei cattolici, rappresentata dei *cattolici illuminati*, è quindi distribuita sia tra il clero e gli studiosi sia tra la massa dei cattolici, e lo stesso vale per la maggioranza dei cattolici, rappresentata dai cattolici *non-illuminati*.

Il titolo di questo volumetto, *"Il Cattolicesimo: Effetti Negativi sui Costumi"*, richiede un chiarimento, perché la valutazione dei "costumi" implica il riferimento a uno standard morale. Lo standard morale a cui faccio riferimento è quello della moralità pubblica come concepita dalla maggioranza della popolazione nella maggior parte delle democrazie occidentali (che è poi la morale definita dalle norme delle costituzioni democratiche e dalle leggi che da esse derivano). Tale standard morale è molto simile a quello sottinteso dalla *Dichiarazione Universale dei Diritti Umani*, approvata dall'Assemblea Generale dell'ONU nel 1948.

Riferendosi a una pubblicazione nella quale si criticava il Cattolicesimo, apparsa qualche anno fa in lingua inglese, un critico prevedeva che essa avrebbe fatto arrabbiare molto il Papa. Io vorrei invece esplicitamente dichiarare che non intendo far arrabbiare nessuno, ma solo stimolare una riflessione sugli effetti negativi che possono essere causati da alcuni aspetti del Cattolicesimo, così come comunemente concepiti. Vorrei inoltre sottolineare il mio profondo apprezzamento per i valori fondanti del Cristianesimo; basterebbe ricordare, ad esempio, il profondo significato umano dell'amore verso il prossimo o la nobiltà del perdono per rendersi conto del grande valore morale del messaggio cristiano, tema sul quale non vi è luogo a discutere. Sul piano pratico, basterebbe menzionare l'opera amorevole e meritoria svolta da molti parroci nel contatto quotidiano con i loro parrocchiani, e di quella ancor più encomiabile svolta dai missionari in varie parti del mondo. Ma, ripeto, in questo libro io non mi occupo dei valori della dottrina cristiana o cattolica, né dell'opera dei sacerdoti, bensì dei modi con cui quella dottrina (e alcuni aspetti del comportamento della gerarchia ecclesiastica) vengono percepiti dalla gente comune.

Un altro aspetto che mi preme precisare è che le conseguenze negative che, a mio parere, sono esercitate dal Cattolicesimo, così come percepito dalle masse, non sono esclusive del Cattolicesimo, in quanto altre branche della cristianità o altre religioni possono essere causa di simili o di diverse conseguenze negative.

Nel penultimo capitolo di questo libretto discuterò brevemente la questione se quelli che io descrivo come effetti negativi del Cattolicesimo siano dovuti per intero al Cattolicesimo stesso, o se non siano, almeno in parte, dovuti a una predisposizione naturale o culturalmente acquisita dei popoli, che li porta ad abbracciare il Cattolicesimo, oppure se non siano l'effetto combinato di entrambi questi fattori. Infine, nell'ultimo capitolo, cerco di dare una risposta al quesito: *Perché la Religione?*

Mi auguro che la lettura di questo libro possa servire da stimolo per una riflessione che porti a una concezione del Cattolicesimo scevra da conseguenze negative.

Capitolo I — Infallibilità del Papa e Democrazia

Il Papa è infallibile. La sua infallibilità è stata definita nella Costituzione Dogmatica del Concilio Vaticano I (emanata da Pio IX, il 18 luglio 1870), intitolata "Pastor Aeternus", ed esattamente nel Capitolo IV dedicato, appunto, alla Infallibilità del Romano Pontefice. Di seguito riporto il passaggio conclusivo:

> Perciò Noi, mantenendoci fedeli alla tradizione ricevuta dai primordi della fede cristiana, per la gloria di Dio nostro Salvatore, per l'esaltazione della religione Cattolica e per la salvezza dei popoli cristiani, con l'approvazione del sacro Concilio proclamiamo e definiamo dogma rivelato da Dio che il Romano Pontefice, quando parla *ex cathedra*, cioè quando esercita il suo supremo ufficio di Pastore e di Dottore di tutti i cri-

stiani, e in forza del suo supremo potere Apostolico definisce una dottrina circa la fede e i costumi, vincola tutta la Chiesa, per la divina assistenza a lui promessa nella persona del beato Pietro, gode di quell'infallibilità con cui il divino Redentore volle fosse corredata la sua Chiesa nel definire la dottrina intorno alla fede e ai costumi: pertanto tali definizioni del Romano Pontefice sono immutabili per se stesse, e non per il consenso della Chiesa. Se qualcuno quindi avrà la presunzione di opporsi a questa Nostra definizione, Dio non voglia!: sia anatema. [Vedere il testo di "Pastor Aeternus" online (http://www.cristianocattolico.it/catechesi/documenti-catechesi/pastor-aeternus.html); vedere anche: Tanner (1990)].

Come accennato nell'INTRODUZIONE, non giova qui definire la natura e i limiti dell'infallibilità del Papa (vedi: Powell 2009), poiché tali precisazioni non vengono mai colte dal grande pubblico dei cattolici, il quale invece recepisce e comprende la nozione, semplice ed efficace, che *il Papa è infallibile*. Punto.

L'idea dell'infallibilità del Papa, che pervade ogni aspetto della vita della comunità cattolica, viene recepita fin dalla più tenera età e viene progressivamente assorbita e fatta propria, agendo a livello della coscienza o del subcosciente e determinando l'assuefazione all'obbedienza assoluta e acritica alle decisioni e ai comandi del "Capo", al quale si riconosce una infallibilità decisionale e un potere assoluto.

Tale concezione del "Capo" infallibile che guida i suoi seguaci assume maggiore forza in quanto essa si riferisce a un Capo religioso, che fa risalire la fonte della sua autorità addirittura a Dio; si tratta quindi di una concezione che riveste una enorme forza morale vincolante ed un carattere di sacralità. Diventa quindi quasi inevitabile che l'idea del Capo infallibile venga inconsciamente estesa dal campo religioso a quello sociale, dando luogo a una concezione autoritaria, che diventa così il solo modello realmente riconosciuto di organizzazione sociale, anche quando formalmente si aderisce a una concezione democratica (basata, come è noto, sul rispetto delle norme e delle leggi condivise dalla maggioranza dei cittadini, norme e leggi che esprimono principi e valori anch'essi condivisi). In altri termini, si viene a formare un *modello comportamentale autoritario*.

A favorire ancora di più l'affermazione del modello autoritario contribuisce il modo in cui la Chiesa è organizzata, cioè l'esistenza della gerarchia ecclesiastica, che viene percepita come un'organizzazione basata sul principio di autorità. [Persino il semplice prete, che occupa il gradino più basso della gerarchia, esercita un suo "potere", modesto ma efficace: il potere di assolvere dai peccati e quindi di cancellare, per così dire, ogni colpa].

Da quanto detto, si può dedurre che, in una società democratica, il cattolico si trovi spesso ad affrontare un dilemma: seguire il *modello comportamentale autoritario*, che attribuisce la preminenza alla volontà del "Capo" (cioè, del potente di turno) o seguire il *modello comportamentale democratico*, basato sul rispetto delle "regole" (cioè delle norme, leggi, regolamenti, ordinanze) decise dalla maggioranza dei cittadini attraverso i suoi rappresentanti. E il buon cattolico sente profondamente il fascino dell'obbedienza al Capo, che necessariamente implica il disprezzo delle "regole", viste come qualcosa di astratto, impersonale e quasi evanescente. Il risultato è che spesso, sotto l'osservanza formale delle regole, si nasconde l'intenzione di seguire la volontà (cioè gli interessi) del Capo di turno. Nasce così un conflitto tra la *concezione comportamentale autoritaria* (basata sulle decisioni del Capo) e la *concezione comportamentale democratica* (basata sulle regole condivise dalla maggioranza dei cittadini).

Benché l'esperienza, ormai abbastanza lunga, del mondo occidentale abbia dimostrato, a mio parere, la superiorità del sistema democratico su quello autoritario, credo che non siano superflue alcune considerazioni sugli aspetti negativi di quest'ultimo.

Già nel 1861, J. S. Mill (nelle sue *Considerazioni sul Governo Rappresentativo*) metteva in guardia contro l'illusione che un Capo o Leader assoluto ma "eminente", potremmo dire "illuminato", possa assicurare un buon governo. E ciò perché sono tanti e tali i problemi che il Capo assoluto di un governo (e ciò vale anche nel caso del Capo della Chiesa cattolica) deve risolvere che egli, per quanto illuminato, dovrebbe neces-

11

sariamente ricorrere all'aiuto di un gruppo di collaboratori i quali, a loro volta, dovrebbero essere tutti "illuminati". Chiaramente, questa è una situazione immaginaria, che presuppone dei super-uomini, impossibile da realizzare da parte degli esseri umani.

Ma, un'altra considerazione merita attenzione. I cittadini che accettassero un governo guidato da un Capo assoluto sarebbero degli esseri passivi, che accettano passivamente quanto deciso dal Capo; oppure sarebbero come bambini, cioè individui immaturi, che necessitano di un Capo capace di guidarli (come è, nel caso dei bambini, il padre, o la madre, o l'insegnante, ecc.). In realtà, vivere sotto un governo autoritario non aiuta a maturare, a esercitare, cioè, lo spirito critico, a partecipare attivamente alla gestione della cosa pubblica; ma favorisce, al contrario, il disinteresse per il governo della società, e l'accettazione dei risultati dell'azione del governo, anche se deludenti, perché ritenuti una conseguenza inevitabile di fatti naturali. In tale situazione, l'interesse della maggior parte dei cittadini diviene limitato alla loro vita privata e indirizzato al loro benessere materiale e ai divertimenti, in quanto i principi da seguire e i valori da riconoscere vengono definiti dal Capo.

Per essere scrupolosi, bisogna ricordare che lo studio della storia ci insegna che il governo esercitato da un "capo illuminato" può essere accettabile e, secondo alcuni, persino utile, in situazioni eccezionali di gravi crisi socio-politiche e limitatamente al tempo di durata della crisi stessa; cioè, può essere accettato come *eccezione* alla regola democratica. Nel caso del Papa, invece, si tratta di un capo ritenuto infallibile e accettato come tale non in condizioni eccezionali ma nella condizione di normalità, cioè dire, sempre, continuativamente, fin quando esisterà la Chiesa cattolica. E il principio dell'infallibilità del Papa è imposto con tanta forza e con la pretesa di un'accettazione incondizionata da giustificare "l'anatema" per coloro che osassero metterlo in dubbio. Questa è una concezione che, chiaramente, entra in contrasto con la concezione democratica della gestione della società.

Quanto profondamente l'idea del Papa quale Capo infallibile sia penetrata nella coscienza dei cattolici è dimostrato dall'espressione popolare "Credi forse di essere il Papa?" (o similare) che spesso si rivolge a chi mostra una profonda convinzione nella bontà delle sue idee e cerca di imporle agli altri rifiutando ogni critica.

È bene sottolineare che l'idea del "capo infallibile", così diffusa tra i cattolici, è totalmente assente nella mente dei non-cattolici cristiani. Per quest'ultimi, non esistono persone (siano esse appartenenti al mondo religioso o a quello politico) che siano da considerare infallibili e quindi non-criticabili. Per il cristiano non-cattolico, ogni essere umano va giudicato senza pregiudizi e con spirito critico, per essere apprezzato se, e quando, esprime dei meriti o mostra comportamenti positivi oppure censurato se, e quando, esprime dei demeriti o mette in atto comportamenti negativi.

Il cristiano non-cattolico non rinuncia mai al suo inalienabile diritto a criticare e a giudicare.

A questo punto, è utile citare alcuni esempi dimostrativi degli effetti nocivi dell'adozione del modello autoritario.

(1) Ambito familiare. Nell'ambito familiare il modello comportamentale autoritario si traduce nel concetto di "padre padrone", se-

condo il quale al padre, quale Capo della famiglia, viene riconosciuto un potere quasi assoluto, sicché le sue decisioni vengono rispettate senza discutere, perché ogni atteggiamento critico nei suoi confronti verrebbe percepito come una colpevole offesa all'autorità del Padre-Capo famiglia.

(2) Ambito sociale. In ambito sociale il modello comportamentale autoritario favorisce la sottomissione alla volontà e alle pretese degli individui "potenti" e il supporto ai loro interessi, a scapito delle regole che impongono l'uguaglianza di trattamento per tutti. Così, per esempio, nelle gare pubbliche, anziché valutare con imparzialità i vari concorrenti, si è portati a favorire colui che è percepito come "potente" (per motivi politici, o economici, o culturali, ecc.), o colui che rappresenta e difende gli interessi del potente.

Lo stesso avviene nelle varie istituzioni pubbliche, quale l'università. L'avanzamento nella carriera universitaria spesso è basato più sul "peso" che viene riconosciuto al Maestro potente, che protegge un candidato, che sui reali meriti di quest'ultimo. Perfino coloro che gestiscono i vari uffici pubblici, anziché considerarsi al servizio dei cittadini, si considerano (e sono considerati!) come dei piccoli "capi" i quali, anziché fornire servizi sembrano voler elargire dei favori.

In breve, la prevalenza del rispetto per il potente sull'osservanza delle regole che assicurano imparzialità di trattamento favorisce i fenomeni di corruzione nella vita pubblica.

(3) Ambito criminale. Il mito del Capo infallibile e autoritario favorisce (anche se, ovviamente, non determina) persino la criminalità organizzata, qual è tipicamente la mafia.

Infatti, il fascino del Capo potente attira diversi giovani, specialmente se sbandati, poco istruiti e disoccupati, i quali sono portati a ubbidire ciecamente agli ordini del capo-mafia, anche se ciò comporta la trasgressione delle regole e delle leggi in vigore. Questo è dimostrato dal fatto che un noto capomafia (Michele Greco), poi condannato all'ergastolo, veniva soprannominato dai suoi seguaci, appunto, "il papa".

(4) Ambito politico. È di tutta evidenza che, in ambito politico, il prevalere del *modello comportamentale autoritario* (culto del "capo-infallibile") favorisca l'accettazione, e

persino la ricerca, di una politica autoritaria, concepita come una politica nella quale il "peso" del "grande capo" prevale sui contenuti del programma politico che viene proposto e sui modi con i quali viene attuato. Così, per un aspirante leader, quello che conta è essere percepito dalle masse come un grande e potente capo-infallibile; ciò gli consentirà di ottenere un'adesione passiva da parte di molti cittadini, senza alcun atteggiamento critico né assunzione di responsabilità.

Strettamente legato alla diffusione del modello comportamentale autoritario è il fenomeno dell'eccessiva personalizzazione della politica. Quando i vari leader che operano nell'ambito della politica concepiscono sé stessi, e vengono concepiti dai cittadini, come personaggi potenti e quasi intoccabili, sorge la tentazione per i leader di considerare sé stessi, e per i cittadini di considerare i leader, come persone speciali, che stanno al di sopra della legge. Viene così a cadere uno dei pilastri della società democratica, costituito dal *principio dell'uguaglianza davanti alla legge*.

Quanto sopra porta a un contrasto tra i

politici "potenti" (o che si credono o sono creduti tali) e la magistratura, almeno nei sistemi politici nei quali la magistratura (come dovrebbe sempre essere) è realmente indipendente. In breve, si viene a determinare uno scontro tra i poteri dello Stato e un indebolimento dei principi democratici.

A questo punto, potremmo menzionare un ulteriore fattore religioso: la speciale forma di "potere" e di autorità che inevitabilmente assumono i membri della gerarchia cattolica, non solo quelli che ne occupano le posizioni più elevate ma anche coloro che ne stanno alla base, quali i preti; questi ultimi, anzi, per la loro numerosità, assumono un ruolo preminente. Mi riferisco all'assoluzione dai peccati. La facoltà di assolvere dai peccati e di concedere il perdono, a parte le conseguenze che verranno discusse nel CAPITOLO IV, conferisce ai preti un potere speciale e unico, poiché un prete può assolvere dai peccati, ripristinare la purezza della coscienza e assicurare la salvezza dell'anima.

[Desidero, però, ricordare l'opera meritoria svolta da molti preti nelle loro parrocchie, ove essi sono spesso sinceramente impegnati ad aiutare chi è nel bisogno o nel di-

sagio esistenziale, e ad opporsi, a volte a costo della vita, alla prevaricazione dei prepo-
tenti e dei malavitosi].

Capitolo II — I Miracoli e la Tendenza Antiscientifica e Superstiziosa

Ai cattolici è fatto credere che esistono i "miracoli", cioè fenomeni che non si possono spiegare con le leggi scientifiche conosciute e che vengono attribuiti a un intervento divino (che dovrebbe sospendere o alterare le leggi naturali). In realtà, tutti i presunti miracoli dei quali si abbia sufficiente conoscenza (a parte quelli narrati o riportati in scritture) riguardano fenomeni che sono, sì, rari, ma che possono essere spiegati senza ammettere interventi "divini". Così, a proposito delle cosiddette guarigioni miracolose, bisogna tener presente che le leggi biologiche non sono leggi "esatte"; esse si riferiscono ai "valori medi", che sono i più numerosi e frequenti; ma esistono anche valori che si scostano dai valori medi e che sono tanto più rari quanto più si discostano dal valore medio. Esistono, quindi, o possono esistere fenomeni rari le cui caratteristiche appaiono molto lontane e persino diverse da quelle "medie". Così, riferendoci ad una delle "malattie gravi" (termine molto generico, che ovviamente include forme cliniche assai diverse), sappiamo che esistono casi molto rari di guarigioni inattese. Queste guarigioni inattese non possono essere considerate quali effetti di miracoli, poiché se esaminassimo la frequenza dei "miracoli" noteremmo che essa è inferiore a quella delle guarigioni inattese, cioè che si riferiscono a casi con decorso molto "atipico". Per contro, esistono casi, anch'essi rari, nei quali il decorso di una grave malattia è particolarmente sfavorevole e rapido, e l'ammalato può morire in pochissimi giorni, evento questo anch'esso inatteso. A conferma che i cosiddetti miracoli sono semplicemente casi rari, che si discostano dai casi più numerosi che rientrano nel "range" di variazione previsto in base ai dati osservati, sta il fatto che mai si è verificato un "miracolo" (accertato e non leggendario o raccontato) che consistesse in un fenomeno assolutamente contrario alle leggi delle scienze naturali, quale, ad esempio, la ricomparsa di un arto che fosse stato amputato alcuni anni prima.

Ma i cattolici credono nei miracoli, e questa credenza assume molto spesso i connotati della superstizione, almeno della superstizione intesa in senso positivo. Infatti, il superstizioso crede che vi siano alcuni oggetti o alcuni fatti che "portano fortuna" e altri che "portano sfortuna". Il cattolico crede che esistano alcuni atti, come il rivolgersi al proprio "santo protettore", che "portano fortuna", cioè consentono di ottenere risultati miracolistici (altrimenti impossibili). Tutto ciò significa che i cattolici aderiscono a un *modello comportamentale superstizioso*. E la superstizione è contro la mentalità razionale e scientifica, il libero pensiero, il libero sentire e, in ultima analisi, contro lo sviluppo intellettuale e morale del mondo. Di ciò fanno fede le assurde posizioni dei cattolici su questioni come la *procreazione assistita*, il *controllo delle nascite*, etc. Per non parlare delle posizioni antiscientifiche tenute dalla Chiesa cattolica nella storia, come il contrasto con le idee innovative di Galileo Galilei.

Ma la credenza nei miracoli ha anche un altro effetto negativo. Essa induce a tentare di ottenere risultati difficili da realizzare per le vie normali, ricorrendo alla via breve dell'invocazione del miracolo (magari raccomandandosi al santo protettore). Questo significa che i cattolici sono portati ad adottare un *modello comportamentale miracolistico*. Qui appare evidente lo stretto rapporto tra la credenza nei miracoli e il culto dei santi (di cui è detto nel CAPITOLO VI), e che il modello comportamentale miracolistico abbia un effetto corruttivo. Appare, infatti, evidente come l'adesione al modello comportamentale miracolistico induca a ricorrere alla ricerca e alla speranza del miracolo per ottenere gli scopi e i fini che nella vita s'intendono raggiungere, anziché basare le proprie aspettative sull'impegno e sulla serietà nel lavoro e nello studio, sulla propria capacità decisionale e d'iniziativa, accompagnata dalla conseguente assunzione di responsabilità.

Gli esempi delle conseguenze negative dell'adozione del modello comportamentale miracolistico non mancano. Così, lo studente che si appresta ad affrontare un esame, anziché tentare di superare la prova impegnandosi a fondo nello studio, si affida a un ipotetico miracolo che egli chiede al suo santo protettore. Analogamente, i dirigenti d'impresa che debbono affrontano una gara pubblica, anziché tentare di risultare vincitori offrendo condizioni più vantaggiose, che siano il frutto di un'efficiente organizzazione dell'impresa, sperano nel miracolo che consenta loro di ottenere ciò a cui aspirano in modo più rapido e semplice.

In breve, le conseguenze dell'adozione del modello comportamentale superstizioso e di quello miracolistico sono devastanti sia nella sfera della vita privata o individuale che in quella della vita pubblica.

Capitolo III — Regole Inosservabili e Assuefazione all'Illegalità

Al cattolico vengono imposte delle regole che sono difficili, o quasi impossibili, da osservare. Di queste regole, ricordo qui l'obbligo, sancito dal 6° comandamento, di "non commettere atti impuri". Questa è la "formula catechistica" del 6° comandamento, come riportato nel "*Catechismo della Chiesa Cattolica – Compendio*" (2005). In questo "*Compendio*", viene successivamente spiegato, al §493, che:

> Benché nel testo biblico del Decalogo si legga «non commettere adulterio» (Es 20,14), la Tradizione della Chiesa segue complessivamente gli insegnamenti morali dell'Antico e del Nuovo Testamento, e considera il sesto Comandamento come inglobante tutti i peccati contro la castità.

Capitolo III

Inoltre, viene anche stabilito che:

> Sono peccati gravemente contrari alla castità,
> ognuno secondo la natura del proprio ogget-
> to: l'adulterio, la masturbazione, la fornica-
> zione, la pornografia, la prostituzione, lo stu-
> pro, gli atti omosessuali. (*Catechismo della
> Chiesa Cattolica - Compendio* §492)

Di queste proibizioni, vorrei sottolineare
quelle che riguardano la masturbazione e la
fornicazione. Tenendo presente che fornica-
re, secondo il *Dizionario Italiano Garzanti*,
significa "avere rapporti sessuali con persone dell'altro sesso senza essere marito e mo-
glie", possiamo concludere che il 6° comandamento proibisce ogni atto sessuale, sia
esso praticato da una singola persona o con
persona dell'altro sesso che non sia il coniu-
ge. Ma anche durante la vita coniugale, è
proibito ogni atto sessuale che non sia indirizzato alla procreazione. Ciò risulta dal seguente passaggio:

> È intrinsecamente immorale ogni azione – co-
> me, per esempio, la sterilizzazione diretta o la
> contraccezione -, che, o in previsione dell'atto
> coniugale o nel suo compimento o nello svi-

luppo delle sue conseguenze naturali, si pro-
ponga, come scopo o come mezzo, di impedire la procreazione. (*Catechismo della Chiesa
Cattolica – Compendio*, §498)

Da quanto sopra esposto, si deduce che
la Chiesa cattolica proibisce ogni atto sessuale che non sia diretto alla procreazione e,
più in generale, prescrive l'obbligo di perseguire la virtù della castità. Questa è chiaramente una regola molto difficile da osservare, ed essa inoltre appare ingiustificata e ir-
razionale (ovviamente, escludendo ogni ec-
cesso). Si tratta di una regola che tutti i cattolici riconoscono (perché è una regola religiosa e, come tale, voluta da Dio), ma che
quasi nessuno osserva (perché quasi impossibile da osservare).

In breve, è questa una *regola riconosciuta
ma inosservata*, perché inosservabile. Più e-
sattamente, essa è impossibile da osservare
per la maggioranza dei cattolici, cioè per circa il 95% dei cattolici, ai quali io mi riferisco
in questo libro.

L'esistenza di regole che sono al tempo
stesso riconosciute ma inosservate ha conseguenze devastanti, sia sul modo di *pensa-*

re cosa sia una regola sia su quello di *senti-re* il dovere di osservarla. Tale stato di cose, infatti, da una parte, induce a *pensare* che le regole e le leggi siano qualcosa di teorico, di astratto, da accettare in linea di principio, ma che non hanno un reale impatto nella vita pratica, nelle scelte concrete, nel comportamento di ogni giorno; dall'altra, abitua a non *sentire* (o a sentire poco) il dovere di osservare le regole e le leggi, e a non sentire *rimorso* (voce della coscienza) e *vergogna* (di fronte agli altri) per la loro violazione. Si finisce, insomma, per convivere abitualmente con la violazione ripetuta delle regole, con l'assuefarsi a un *riconoscimento formale* delle regole associato al loro *sostanziale* disconoscimento.

La maggioranza dei cattolici, quindi, di fronte alla scelta imposta da una data regola, finisce con il pensare (e con il sentire) che... certo... in linea di principio... da un punto di vista teorico... si dovrebbe... ma... in pratica... si sa... in questo particolare caso... In breve, tutto ciò porta a una *diffusa assuefazione alla violazione delle regole e delle leggi*; non soltanto delle leggi di Dio, ma anche, a maggior ragione, delle leggi degli uomini. Ciò significa che l'assuefazione alla violazione delle regole porta alla *pratica e all'accettazione diffusa dell'illegalità*. Tutto ciò avviene non soltanto a seguito di un modo distorto di *pensare* le regole (fattore razionale) ma anche dal modo superficiale di *sentire* le regole (fattore affettivo o emotivo); ne segue la facilità con la quale si violano le regole senza sentire per ciò rimorso (voce della propria coscienza) e senza arrossire (di fronte agli altri).

Questa situazione è ben riassunta dall'affermazione che i figli della Chiesa cattolica "si riconoscono tutti peccatori" (*Catechismo della Chiesa Cattolica – Compendio*, §165); in breve per i cattolici vale il motto "siamo tutti peccatori". Questa espressione significa che *tutti* i cattolici violano la legge di Dio. Se, dunque, violare la legge di Dio è una pratica comune, perché vergognarsi dei singoli atti di trasgressione? Perché condannare chi ha violato la legge di Dio? Forse che non la violiamo *tutti*? Se tutto ciò viene trasferito dalla sfera religiosa alla sfera socio-politica e applicato con riferimento alle leggi di uno Stato democratico, ne risulta una condizione di *diffusa illegalità*.

31

Qualche esempio può servire a illustrare quanto ampia sia la gamma di conseguenze che l'assuefazione all'illegalità può causare.

Cominciamo dall'ambito della *vita familiare*, e precisamente dal modo con cui i giovani recepiscono i consigli dei genitori. E qui mi riferisco ai consigli che i giovani riconoscono come *giusti*. Di tali consigli ricordo, ad esempio, quello di non guidare in stato di ebbrezza.

La maggior parte dei giovani, messi dinnanzi alla regola che prescrive di non guidare in stato di ebbrezza ne riconosce la validità. Ma quando a tarda sera si è in una discoteca (e si è consapevoli che per ritornare a casa si dovrà guidare la propria auto), si comincia a bere smodatamente; quando poi, un po' brilli, si lascia la discoteca insieme agli amici e alle ragazze; allora interviene l'*assuefazione alla violazione delle regole* e, inconsciamente si pensa alla proibizione di non guidare in stato di ebbrezza come a un principio astratto, un'affermazione teorica, una regola che si *dovrebbe* seguire ma che... in pratica... si sa... in questa particolare condizione... assieme agli amici e le ragazze...; e così, si finisce per trasgredire.

Nella sfera della *vita sociale*, possiamo fare riferimento a diversi tipi di esempi. Così, nelle gare pubbliche, le regole che stabiliscono i criteri per la valutazione dei concorrenti nella maniera più onesta e obbiettiva vengono visti come qualcosa di astratto, di teorico, che non regge di fronte alle pressione degli interessi concreti, ai richiami dei sentimenti di amicizia, al desiderio di favorire il più "potente", tutti fattori che finiscono per prevalere sulle regole.

Analoga è la situazione nell'ambito delle varie istituzioni, cioè degli uffici pubblici, delle università, ecc. La maggior parte (o comunque molti) dei "pubblici ufficiali", troppo spesso favoriscono gli interessi personali, o quelli dei parenti, degli amici, o dei "potenti", a scapito degli interessi generali e dei diritti dei singoli, come definiti dalle regole e leggi vigenti.

Tipico è l'esempio delle università, nelle quali i professori più anziani, nel selezionare gli aspiranti ricercatori e professori, "sentono" e "concepiscono" la regola di favorire i più meritevoli come qualcosa di teorico, astratto e lontano, che non regge di fronte all'allettante prospettiva di dispensare riconoscimenti volti ad appagare l'ambizione personale (appoggiando i propri allievi), o a favorire parenti e amici, o a soddisfare gli interessi dei "potenti.

Un fenomeno di grande portata è rappresentato dall'evasione fiscale, una piaga che affligge, in diversa misura, molti paesi. Pagare le tasse è prescritto dalla legge, ed è un dovere che ogni cittadino dovrebbe sentire come primario, perché l'osservanza di tale dovere serve a rendere possibile il funzionamento della società e, in particolare, consente di fornire ai cittadini i vari servizi sociali.

Ma, anche qui, accade che la *regola* che prescrive il pagamento delle tasse sia percepita come una regola teorica, un principio astratto, in base al quale si dovrebbe... ma in pratica... si sa... in questa particolare condizione... E così si finisce con il registrare alti tassi di evasione che compromettono il buon funzionamento della società. E ciò perché molti, abituati a convivere con la continua violazione delle regole, ignorano la legge sulla tassazione senza avvertire la grave illegalità (e quindi immoralità) del loro atto, né sul piano razionale (essi *pensano* che

le regole valgano in teoria, ma in pratica...)
né su quello emotivo (essi *sentono* che violare le regole nella vita pratica è cosa comune,
ammessa e perfino lecita). Non è un caso
che uno dei più alti tassi di evasione fiscale
si riscontra in Italia, paese cattolico e che
ospita le più alte gerarchie della Chiesa Cattolica, mentre in paesi la cui popolazione è
in prevalenza non-cattolica, quali l'Inghilterra o la Svezia, si hanno tassi assai più
bassi di evasione fiscale.

Nel *campo politico*, l'assuefazione alla violazione delle regole si manifesta con una
sorta d'indulgenza verso i corrotti. Anzi, una
volta smarrito il significato grave della violazione delle leggi, il corrotto, che per definizione è colui che ha tratto profitto e raggiunto posizioni di prestigio o di potere attraverso la violazione della legge, viene ammirato
per la posizione raggiunta, che ne fa una
persona che conta, mentre i mezzi illegali
che egli ha sfruttato sfumano fino a scomparire nei meandri oscuri della coscienza assuefatta all'illegalità di coloro che lo conoscono, che lo frequentano e che spesso lo
sostengono. Si spiega così l'alto numero di
personaggi già condannati, o sotto processo,

per gravi reati che riescono a occupare posti elettivi nelle istituzioni pubbliche (tipico esempio: membro del parlamento) perché eletti da numerosi cittadini.

Un fenomeno speculare a quello appena descritto è costituito dal mancato apprezzamento, che spesso arriva fino all'intolleranza e/o all'irrisione, verso coloro che rispettano e osservano le leggi e promuovono la cultura della legalità. Questo perché, una volta perso il senso del valore della legalità, coloro che la difendono vengono percepiti come cavillosi impositori di un sistema di assurdi vincoli e di impedimenti al libero perseguimento dei propri particolari interessi, senza preoccupazioni per le possibili conseguenze sul cosiddetto bene comune, concepito (assieme alle regole che ne consentono la realizzazione) come qualcosa di lontano, astratto ed evanescente.

Sulla base di quanto sopra descritto, si comprende come il prevalere dell'assuefazione all'illegalità favorisca il formarsi di una società disordinata e corrotta; una società nella quale il mancato rispetto delle regole si traduce non solo in un degrado morale ma anche in un freno allo sviluppo economico e

civile, per il quale l'osservanza delle leggi costituisce il presupposto necessario.

Capitolo IV — Perdono Facile

Com'è noto, "la remissione dei peccati" consiste nel perdono che Dio concede al peccatore quando questi, che ha trasgredito la sua legge, sinceramente si pente e si confessa; cioè, quando il peccatore, attraverso la confessione, riconosce il suo peccato e mostra il rammarico per averlo commesso e il sincero proposito di non più commetterlo. Nel *Catechismo della Chiesa Cattolica – Compendio*, infatti, si legge "La confessione dei peccati gravi è l'unico modo ordinario per ottenere il perdono" (§304).

Vorrei subito sottolineare che il perdono, di fronte al sincero pentimento, è un atto che esprime grande sensibilità morale sia in chi perdona (che così esprime profonda bontà e comprensione umana) sia in colui che chiede e ottiene di essere perdonato (il cui animo, attraverso la confessione e la rinuncia al peccato, esprime una rinnovata tendenza e una rinata aspirazione verso il bene). Un atto di così alto significato è per sua natura raro, nel senso che esso avviene nelle rare occasione nelle quali una persona commette un grave peccato e poi si pente sinceramente. Per questo motivo tutto cambia quando il perdono viene chiesto e concesso ripetutamente e frequentemente, poiché la continua ripetizione del peccato mostra che non vi è stato e non vi è sincero pentimento. In queste condizioni, ciò che realmente accade è che un atto così umano e nobile qual è il perdono venga svilito e ridotto alla parodia del perdono.

Un esempio di pentimento vero e di perdono vero, alto e nobile lo troviamo nell'episodio della conversione dell'Innominato sollecitata dalla figura di vero cristiano, predisposto alla comprensione e al perdono, del Cardinale F. Borromeo, nei *Promessi Sposi* di A. Manzoni. È questo il caso di un grande peccatore che, a un certo punto della sua vita, toccato da alcuni particolari eventi, sperimenta una profonda crisi di coscienza, un pentimento vero, che lo porta a rivolgersi al Cardinale Borromeo, che lo accoglie a braccia aperte. Una vicenda nobile e commovente.

Ma nella vita della maggior parte dei cattolici, le cose stanno assai diversamente. Nel *Catechismo della Chiesa Cattolica (Compendio)*, del 2005, pubblicato dalla Libreria Editrice Vaticana, si legge: "Ogni fedele, raggiunta l'età della ragione, ha l'obbligo di confessare i propri peccati gravi *almeno* una volta all'anno" (§305: il corsivo è aggiunto). Ammettendo che l'età della ragione venga considerata quella alla quale si diventa maggiorenni, cioè diciotto anni, e considerando che la vita media attuale nel mondo occidentale sia intorno agli ottant'anni, si deduce che ogni cattolico dovrebbe confessare i suoi peccati gravi *almeno* sessantadue volte nella sua vita. Ma sessantadue dovrebbe essere il numero minimo degli episodi di peccato-pentimento-perdono, come indicato dall'avverbio "almeno" usato nel Catechismo (vedi sopra). Possiamo quindi affermare che la maggior parte dei cattolici sperimenti gli episodi di peccato-pentimento-perdono circa due volte l'anno, il che corrisponde a circa centoventiquattro episodi nell'arco della vita. E certamente per molti cattolici tali episodi saranno assai più numerosi. Tutto ciò significa che nella vita dei cattolici assume grande rilievo il *perdono facile*.

Il perdono facile è collegato con la facile inosservanza delle regole e l'assuefazione all'illegalità (vedere il capitolo precedente, n. III). Ciò perché chi non osserva abitualmente le regole e quindi è aduso all'illegalità lo fa anche perché si aspetta che, se e quando le sue scorrettezze verranno conosciute, egli verrà facilmente perdonato. Si potrebbe chiedere: perdonato da chi? La risposta potrebbe essere che, se il perdono facile è accordato da Dio (attraverso i suoi ministri, e per la violazione della sua legge) a maggior ragione dovrà esserlo da parte degli uomini (per la violazione delle leggi umane), cioè da parte dei familiari, parenti, amici, conoscenti e, in ultima istanza, da parte della società tutta. Si potrebbe dire che l'abitudine all'inosservanza delle regole e l'aspettativa o la pretesa del facile perdono sono due aspetti dello stesso fenomeno (o due facce della stessa medaglia); il primo aspetto riguarda la componente soggettiva o personale del fenomeno (io trascuro le regole perché non ne capisco e non né sento il valore) mentre il secondo riguarda la componente oggettiva o interpersonale (quasi tutti trascurano le regole e quindi, se alcuni verranno a conoscenza delle mie scorrettezze, mi perdoneranno facilmente).

Questo modo di pensare e di sentire è associato a una più o meno accentuata mancanza di assunzione di responsabilità, poiché il senso di responsabilità consiste nell'avere consapevolezza delle conseguenze delle proprie azioni e, quindi, nel riconoscere la propria colpa quando si è violata una regola, colpa che dovrebbe essere perdonata solo a seguito di sincero pentimento.

Ma il facile perdono di cui abbiamo parlato è quello accordato, come ho già ricordato, oltre che da Dio, da parenti, amici, conoscenti e persino dalla comunità in generale. Ciò fino a che le azioni scorrette rimangono nella sfera del privato, non diventino cioè *pubblicamente dimostrabili*; si tratta quindi di un perdono che possiamo definire di natura privata e morale. Ma il perdono privato e morale non comporta anche il perdono pubblico (e quindi legale), cioè da parte delle pubbliche istituzioni; la legge, infatti, tranne rare eccezioni che riguardano i minori, non perdona. Da qui la necessità di nascondere, o meglio, di rendere pubblicamente non dimostrabile, le violazioni delle regole (che in questo caso sono le leggi in vigore) a cui il cattolico è avvezzo. Col tempo, praticando l'arte di rendere pubblicamente non dimostrabili le violazioni di legge, si acquisisce esperienza e financo bravura in quest'arte poco nobile, sicché il soggetto che la pratica assume un atteggiamento di sicurezza e di arroganza che arriva fino all'impudenza. In sintesi, l'abitudine alla facilità del perdono ripetuto e continuato non resta nell'ambito dei precetti religiosi o morali, ma diventa un atteggiamento psichico che si estende anche alle leggi dello Stato. In breve, potremmo dire che il facile perdono porta a un modello comportamentale che potremmo definire come *modello comportamentale immorale*.

Le conseguenze del perdono facile (facilmente accordato e quindi atteso e quasi preteso) sono gravi e di varia natura. Gli esempi dimostrativi non mancano.

Così, l'evasore fiscale cattolico è un cittadino che non solo viola la legge a cuor leggero (perché, come ho ricordato nel CAPITOLO III, attribuisce poca importanza all'osservanza della legge ed è abituato a violarla), ma si attende e in pratica pretende che, una volta che il suo comportamento illegale viene conosciuto, egli debba essere perdonato, cioè che la sua colpa debba essere del tutto cancellata.

Analogamente, quando, nelle gare o concorsi pubblici, coloro che sono chiamati a decidere chi sia il vincitore basano la loro decisione non sui meriti reali dei concorrenti ma su criteri "clientelari" (consistenti nel favorire i parenti, gli amici o i raccomandati dai "potenti") lo fanno nelle certezza-pretesa che il loro comportamento, anche se verrà conosciuto, verrà perdonato. Per questo motivo, spesso il comportamento irregolare non viene neanche nascosto, e qualche volta viene persino ostentato come segno di "importanza". E l'autore della decisione scorretta viene spesso accontentato, in quanto egli non solo ottiene il perdono per il suo comportamento scorretto, ma accresce il suo "prestigio", viene, cioè, considerato come uno che "conta".

Nel campo politico, avviene spesso che un leader di partito o un membro del governo o del parlamento che abbia commesso azioni illegali (corruzione, concussione, etc.), di cui alcuni o molti sono venuti a conoscenza, pretenda e ottenga il perdono da parte dei suoi sostenitori, come dimostrano i casi nei quali "politici" corrotti vengono rieletti. Ogni eventuale espressione o atteggiamento di condanna viene spesso considerato dal politico scorretto quasi come un'azione a lui ostile, un atto di inimicizia; infatti, egli, quasi inconsciamente, si chiede: ma come, quasi tutti vengono perdonati, e voi mi negate il perdono e mi giudicate colpevole? Perché questo trattamento "ingiusto"?!

Vorrei chiudere questo capitolo citando un vecchio proverbio siciliano che esprime, in modo conciso ma efficace, l'attesa-pretesa del perdono facile per qualsiasi condotta. Non potendolo citare tale proverbio alla lettera, per evitare un termine volgare, traduco in italiano così: "facciamo pure ogni azione viziosa / che, tanto, il Signore perdona ogni cosa" (per facilitare l'identificare di questo proverbio, ricordo che in siciliano esso termina con queste parole: "u Signuri pirduna a tutti").

Capitolo V — Emarginazione delle Donne e Maschilismo

Nell'organizzazione della Chiesa cattolica, nulla è più evidente dell'esclusione delle donne dai ruoli principali: le donne non possono ricoprire il ruolo di Papa, o di cardinale, o di vescovo o di prete. Certo, alle donne è concesso di svolgere funzioni anche di notevole rilievo nel mondo cattolico: basti pensare all'opera svolta dalle suore, o al culto delle numerose "Sante", per non parlare della venerazione della Madonna (e della sua figura storica). Ma attribuire grande importanza alle donne non significa riconoscere la loro parità in fatto di dignità e di diritti con gli uomini. Nelle società patriarcali (e antidemocratiche) dei secoli scorsi (fino ai primi decenni del XX secolo) alle donne era negato il diritto di voto, il diritto di possedere un patrimonio, e veniva molto limitato l'accesso all'istruzione e alla cultura, etc. Ma un capo-famiglia di quei tempi non avrebbe esitato un attimo a riconoscere che le donne sono "importanti" nella vita della famiglia e della società, perché esse procreano i figli, si dedicano alla loro educazione, governano la casa, etc. Ma ciò nulla toglie al fatto che alle donne veniva consentito solo un ruolo di secondo piano. Se qualcuno avesse chiesto loro di concedere alle donne parità di diritti essi avrebbero opposto un deciso (e quasi feroce) "NO". E "no" hanno sempre risposto i Papi alle richieste emergenti dalla società per una parità tra uomo e donna all'interno della Chiesa. Papa Benedetto XVI, nel suo libro-intervista "*Luce del mondo*" allestito con il giornalista tedesco Peter Seewald (Libreria Editrice Vaticana, 2010), ha ribadito il "no" al sacerdozio per le donne, affermando che la Chiesa "non può" aprire alla donna prete perché questa sarebbe "una volontà del Signore... alla quale ci atteniamo". Con questa sua affermazione, Papa Benedetto XVI, forse involontariamente, ha sancito in maniera definitiva che l'accesso al sacerdozio deve essere proibito alle donne, perché, egli dice, questa è la volontà del Signore; e la volontà del Signore non può essere contraddetta né ora né mai, perché essa ha un valore eterno. Come dire che le donne non possono neanche sperare che in futuro la Chiesa possa cambiare atteggiamento nei loro confronti.

Resta così sancita l'inferiorità della donna rispetto all'uomo.

Una volta che il cattolico ha, per così dire, introitato nel subconscio che le donne possono solo svolgere un ruolo secondario, ausiliario di quello svolto dall'uomo, e che quindi a esse è precluso l'accesso alle posizioni apicali o di maggior rilievo, egli opererà di conseguenza in tutti i settori della società; cioè, verrà adottato un *modello comportamentale maschilista*. E i risultati di ciò sono ben visibili nelle società nelle quali il Cattolicesimo è più diffuso e sentito, o dove più pressante è l'influenza delle gerarchie cattoliche, come l'Italia.

Così, accade che la percentuale delle donne presenti nei consigli di amministrazione delle grandi imprese economiche sia bassissima; che la rappresentanza femminile nelle posizioni maggiormente influenti nelle Università sia sempre inferiore a quella maschile; che le donne elette nelle istituzioni pubbliche siano sempre in numero assai ridotto rispetto agli uomini; etc.

In Italia, uno studio condotto dall'Osservatorio sulla Gestione della diversità, di una primaria Università, ha evidenziato che le donne occupano il 37% dei posti impiegatizi, il 23% dei posti quadro e il 13% dei posti dirigenziali.

[La difficoltà per le donne di accedere ai gradi più alti della carriera professionale è un dato presente, purtroppo, in tutta Europa, sia pure con differenze significative tra i diversi paesi].

Per lo stesso motivo, non meraviglia che lo stipendio percepito dalle donne sia spesso alquanto inferiore a quello che percepiscono gli uomini, a parità di lavoro e di mansione svolti.

Capitolo VI — Il Culto dei Santi come "Protettori"

Nel mondo cattolico, il culto dei santi è diffusissimo. Quasi ogni cattolico ha il suo "santo protettore", e così quasi tutte le citta e financo lo Stato. Il santo protettore è il santo al quale si è "devoti". La *devozione verso il santo protettore* si basa su due credenze: *primo*, che i santi possano "concedere delle grazie" oppure "fare dei miracoli", espressioni improprie che in realtà significano che attraverso l'intercessione dei santi, Dio concede la grazia o opera il miracolo (perché la grazia e il miracolo sono sempre opera di Dio — ma, come ho già detto, queste precisazioni non vengono colte dalla maggior parte dei cattolici); *secondo*, che ogni santo protettore faccia ai propri devoti dei miracoli o conceda delle grazie in cambio di un "fioretto" (atto del privarsi di qualcosa o di fare qualcosa che comporti un qualche disagio o sofferenza) o in cambio di doni offerti alla statua del santo al quale si è devoti, o alla chiesa intestata a quel Santo, o a qualche istituzione religiosa che si ispira a quel Santo, o altre simili donazioni.

La pratica volta a ottenere ciò che si desidera (per sé o per i propri cari) attraverso un "fioretto" o un dono (per semplicità, da qui in poi parlerò solo di doni) diretto al santo protettore, molto diffusa tra i cattolici, comprende situazioni di significato assai diverso.

Una prima situazione è quella di un cattolico che offre un dono al santo al quale è devoto per ottenere che a una persona a lui cara venga risparmiato un dolore, o una sofferenza, o una sventura che appaiono imminenti. L'esempio tipico è quello di una madre che, avendo appreso che il proprio giovane figlio è affetto da una malattia inguaribile, si rivolge al suo Santo e chiede il miracolo (o la grazia) consistente nella guarigione del figlio in cambio di un dono (quale il dono di un gioiello o di una somma di denaro) alla chiesa dedicata allo stesso Santo. [So bene che il termine "in cambio" che ho appena usato verrebbe contestato dai cultori della dottrina cattolica, ma ciò, come ho già ripetutamente affermato, è ininfluente per il mio discorso, volto a descrivere ciò che la maggior parte dei cattolici pensa e sente]. Orbene, l'ipotetica madre a cui ho fatto riferimento nell'esempio sopra accennato ha tutta la mia ammirazione; essa ha espresso il suo profondo amore di madre e ha affrontato un sacrificio nella speranza di salvare il proprio figlio. Certo, si potrebbe obbiettare che quella madre mostra di avere una concezione molto riduttiva del "suo" Santo, il quale "fa il miracolo" di salvare il figlio (cioè intercede presso Dio affinché quel miracolo si compia) solo se quella madre offre il proprio sacrifico (dono), altrimenti egli (il Santo) lascerebbe morire il povero ragazzo senza intervenire minimamente. Ma, torno a ripetere, approfondire questo aspetto del comportamento della madre non giova al nostro discorso; quale che sia la concezione che quella madre ha del suo Santo, essa ha compiuto un gesto di profondo amore materno. Poco differente è il caso di chi offre un dono al suo Santo in cambio di un beneficio per sé stesso, quale, ad esempio, la guarigione da una

grave malattia. Anche in questo caso, si tratta di un comportamento comprensibile e accettabile, che non nuoce a nessuno, e che
anzi porta un beneficio al richiedente.

Ma esiste una seconda situazione, assai
diffusa, che ha un significato profondamente
diverso. È questo il caso di un cattolico che
offre un dono al santo al quale è devoto per
ottenere che lui stesso o una persona a lui
cara *possa ottenere ciò che legalmente non
potrebbe ottenere.* Qui l'esempio può essere
quello di una madre la quale, sapendo che il
proprio figlio deve partecipare a un pubblico
concorso per un numero fisso di posti o posizioni (mettiamo, dieci) e conoscendo che il
proprio figlio, per il suo curriculum scolasti-
co, ha pochissime possibilità di superare la
prova, si rivolge al suo Santo e gli chiede di
aiutare il figlio a vincere il concorso (cioè a
essere classificato tra i primi dieci) "in cambio" di un dono *x*. Prima di analizzare il
comportamento di questa madre, dobbiamo
fare una distinzione. Se la madre chiede al
santo di fare in modo che coloro che debbono valutare i concorrenti si comportino in
modo corretto, assegnando il punteggio in
base ai meriti reali (senza favorire eventuali

"raccomandati"), questa madre merita ammirazione. Essa, infatti, chiede che coloro che debbono valutare i concorrenti si comportino in maniera corretta e onesta, una richiesta più che legittima. Le cose stanno diversamente se quella madre, come il più spesso avviene, chiede al suo Santo di fare in modo che il proprio figlio, che *non merita*, venga incluso tra i primi dieci concorrenti, necessariamente *a scapito di un altro che merita*, e ciò attraverso un qualsiasi meccanismo (perché le prove da superare coincidono per caso con le poche nozioni che il proprio figlio conosce decentemente; oppure perché coloro che debbono valutare i concorrenti commettono un errore, etc.). Questa madre, dunque, chiede l'intervento del suo Santo protettore per ottenere, attraverso qualsiasi meccanismo, che il concorso si svolga in modo da favorire il proprio figlio, che non merita, e da danneggiare uno dei concorrenti che merita. Qui il giudizio non può che essere totalmente negativo. Anzi, l'esempio appena descritto rappresenta l'esemplificazione di un modello di comportamento molto seguito tra i cattolici, quello di *ottenere dei vantaggi attraverso la violazione della legge realizzata pagando una "tangen-te" a un "potente"* (nell'esempio, il Santo pro-tettore). Detto altrimenti, questo modello comportamentale consiste nel far prevalere la volontà del potente sulla legge. È questo un *modello comportamentale anti-legalitario e corruttivo*, la cui diffusa adozione ha effetti sociali devastanti. Anche qui, si potrebbe ri-petere che coloro che richiedono al loro San-to protettore questo tipo di miracolo o grazia hanno del loro Santo un concetto terribil-mente negativo; quello, cioè, di un Santo che interviene per operare un'ingiustizia in cam-bio di un dono! Ma sappiamo che non è que-sta la sede per tali argomentazioni. Ciò che dobbiamo analizzare sono invece gli effetti della diffusa adozione del *modello comporta-mentale anti-legalitario e corruttivo* sopra ac-cennato.

Tale modello corruttivo, nato in ambito religioso, una volta acquisito e divenuto un *habitus* mentale, viene seguito anche negli altri ambiti dell'attività umana, quali l'ambi-to sociale, economico e politico.

Vorrei precisare che tale modello compor-tamentale corruttivo si può intendere come la premessa mentale per la pratica della "raccomandazione", intesa come richiesta di un favore (illecito) a un "potente" in cambio di una contropartita (soldi, devozione, promessa di voto favorevole, o altro), come peraltro suggerito anche da D. L. Zinn nel suo libro *La raccomandazione - Clientelismo vecchio e nuovo* (2001).

Anche qui, però, dobbiamo fare una distinzione tra pratiche apparentemente simili: la "raccomandazione giustificata" (presentazione) e la "raccomandazione illecita", alle quali potremmo aggiungere "l'imposizione".

(1) La raccomandazione giustificata o "presentazione", molto diffusa nei paesi anglosassoni, contrariamente alla "raccomandazione illecita" (vedere avanti), è non solo lecita ma anche utile e moralmente positiva. Essa è caratterizzata dai seguenti elementi: la competenza di chi la fa, il rapporto diretto e specifico tra presentatore e presentato, la mancanza di interesse personale da parte del presentatore e la sua sincera convinzione circa il giudizio espresso. Un esempio tipico è quello di un professore di Medicina il quale, alla fine di un corso (che comporta un rapporto diretto docente/discente), rilascia una valutazione sulle capacità di uno stu-

dente del suo corso mediante una lettera che non ha un destinatario ben definito: di solito è indirizzata "A chiunque possa interessare" (in inglese "To whom it may concern"). La presentazione è utile perché consente al presentato di far legittimamente valere nella sua carriera il merito dimostrato; essa è moralmente positiva perché aiuta il presentato a essere giudicato nel futuro in maniera veritiera e giusta.

(2) La "raccomandazione illecita", invece, manca di tutti gli elementi sopra accennati, in quanto è messa in atto da persona spesso non competente e che non ha avuto un rapporto diretto e specifico con il raccomandato ma solo rapporti di interesse o di amicizia. Una lettera di "raccomandazione illecita" è di solito indirizzata a una ben determinata persona (tipicamente "un amico", meglio se "potente"), il più spesso un membro dell'organo legittimato a giudicare per legge, del quale viene quindi riconosciuto il ruolo e del quale si invoca benevolenza e "particolare" attenzione. La raccomandazione illecita è chiaramente diretta a ottenere qualcosa a cui legalmente non si ha diritto, ed è quindi al tempo stesso illegale e immorale. Questo

tipo di raccomandazione effettuata (dietro richiesta dell'interessato) dalle "persone influenti" è quella che corrisponde, sul piano sociale, a quello che nella sfera religiosa è rappresentato dai miracoli o dalle grazia elargite dai Santi protettori ai loro devoti che a loro si sono rivolti offrendo doni.

(3) "L'imposizione" (sempre illegale) non solo manca degli elementi sopra indicati ma è esercitata da un "potente" il quale, in forza del suo potere, impone (apertamente o conservando un apparente rispetto della forma) il proprio protetto, con l'aggravante, rispetto al caso della raccomandazione illecita, di forzare o annullare il ruolo dell'organo legittimato a decidere, scardinando così i principi giuridici sui quali la funzione di quell'organo è basata. La base razionale ed emotiva che sottostà a questo tipo di comportamento può essere espressa dal seguente interrogativo: se anche i Santi favoriscono i loro protetti, perché non dovremmo fare lo stesso noi che non siamo Santi? Un esempio tipico di imposizione è quello della nomina di un primario medico o chirurgo per "imposizione" da parte di politici. Questo tipo di raccomandazione, che a volte avviene per

iniziativa della "persona potente" (che vuole in tal modo mostrare e accrescere il suo potere) può essere paragonata a quegli eventi fortunati o di scampato pericolo che si attribuiscono *a posteriori* alla protezione del "proprio" Santo.

Resta salvo, naturalmente, che bisogna distinguere i casi nei quali le nomine debbono essere effettuate per legge dai politici o da organi politici (casi nei quali si dovrebbe pur sempre tener conto dei meriti delle persone da nominare) dai casi per i quali la legge prevede dei pubblici *concorsi* regolati da specifiche procedure, basate sulla valutazione delle capacità e dei "titoli" posseduti dai candidati, procedure che l'indebita ingerenza dei politici tende a ignorare o sovvertire.

Possiamo quindi affermare che: la raccomandazione giustificata è utile, legale, e moralmente positiva; la raccomandazione illecita è una più o meno velata pressione sulla corretta applicazione della legge; mentre l'imposizione è una chiara violazione della legge. Pertanto, sia la raccomandazione illecita che l'imposizione sono al tempo stesso illegali e immorali.

Riferendoci specificamente a quanto avviene in Italia (come un esempio di ciò che può accadere in una società tipicamente cattolica), credo sia opportuno richiamare alcune norme della costituzione italiana (vedere: Siclari 2007 – ma credo che simili principi siano contenuti anche in costituzioni di altri paesi). L'art 3 della Costituzione stabilisce che "Tutti i cittadini hanno pari dignità sociale e sono *eguali davanti alla legge...* . È compito della Repubblica rimuovere gli ostacoli... che... impediscono il *pieno sviluppo della persona umana*". Come può un cittadino sentirsi eguale agli altri davanti alla legge se viene discriminato in favore di un altro che ha l'appoggio di un potente? E come può in tali condizioni realizzare il pieno sviluppo della propria persona se il potente di turno, anziché rimuovere gli eventuali ostacoli, ne aggiunge di suoi? Ma vi è un altro articolo della Costituzione ancora più specifico per l'argomento che ci occupa: "Tutti i cittadini dell'uno o dell'altro sesso possono accedere agli uffici pubblici e alla cariche elettive... *in condizioni di eguaglianza*" (art. 51). La chiarezza di questi articoli non consente discussioni o interpretazioni di sorta ("*In claris not fit interpretatio*"). Infine, l'art. 97 afferma: "I pubblici uffici sono organizzati secondo disposizioni di legge, in modo che siano assicurati il buon andamento e l'*imparzialità dell'amministrazione*". Come può la pubblica amministrazione essere "imparziale" se deve favorire il cittadino imposto dai potenti di turno a danno di altri? Il nostro ordinamento esige che l'accesso ai pubblici uffici avvenga nel rispetto dei principi costituzionali di eguaglianza e d'imparzialità, non già in base a particolari interessi o preferenze. Le norme costituzionali, dunque, non lasciano scampo ai furbi: coloro che, abusando del loro potere, tentano di "imporre" i loro protetti non possono sfuggire alla loro responsabilità.

Ma, a parte le distinzioni sopra accennate, torniamo a considerare i possibili molteplici effetti negativi di quello che ho chiamato il *modello comportamentale anti-legalitario e corruttivo*. Poiché il funzionamento della società tutta si fonda sull'osservanza delle regole, un modello comportamentale consistente nell'ignorare le regole e nel cercare la protezione dei potenti porta a una società diffusamente corrotta. Faccio inoltre notare come l'adesione al modello anti-legalitario e corruttivo è strettamente legata all'assuefazione all'illegalità, di cui ho parlato nel CAPITOLO III; si tratta, in realtà, delle due facce della stessa medaglia.

Deve essere inoltre sottolineato che il modello anti-legalitario e corruttivo, forse proprio perché originato in ambito religioso, viene adottato e persino difeso anche da persone che, in base ai comuni standard, verrebbero considerate "persone per bene". Ricordo che molti anni addietro, un mio collega docente universitario, mio amico e più anziano di me, con il tono e l'atteggiamento di chi dà un buon consiglio, mi avvisava: "Caro Francesco, dobbiamo procurarci qualche *Santo in paradiso* per non essere tagliati fuori". L'utilità, o persino la necessità, di avere un "Santo in paradiso" (cioè, qualcuno "potente" al quale rivolgersi per ottenere favori) è avvertita in tutte le sfere della vita sociale, ed è associata con la convinzione che, in pratica, non è la legge che regola le vicende umane ma l'influenza o la volontà dei potenti, e che i potenti (cioè coloro che occupano posizione di potere, a tutti i livelli) se possono (cioè se non sono impediti da leggi stringenti) agiscono in difesa degli interessi loro o dei loro amici (anziché seguendo le regole) in cambio di devozione o di vantaggi di varia natura. Ricordo una discussione riferitami da persona a me vicina, svoltasi tra studenti candidati per l'ammissione a un Master in Inghilterra. Nel discutere la procedura per l'ammissione, una studentessa italiana osservava preoccupata: "Ma così i professori possono imbrogliare come vogliono!"; al che, una studentessa svedese, sbalordita, rispondeva: "I professori imbrogliano? Ma cosa dici mai?". Questo episodio dimostra chiaramente che la studentessa italiana dava per scontato che, potendolo fare, i professori avrebbero deciso irregolarmente, in base ai loro interessi (facendo favori in cambio di favori), e non seguendo le regole (evenienza che considerava come un'eccezione), mentre la studentessa svedese, al contrario, credeva che la selezione dei candidati sarebbe avvenuta regolarmente (e considerava l'irregolarità come una rara eccezione).

La diffusa adesione al *modello comportamentale anti-legalitario e corruttivo* tra i cattolici favorisce la corruzione della società, che diviene dominata dal fenomeno del *clientelismo*. Questo fenomeno è presente in tutti gli strati della società, dai più bassi ai più alti, anche se in questi ultimi assume maggiore rilievo e visibilità. Fenomeni di clientelismo vengono spesso denunciati dagli organi di informazione, purtroppo limitatamente ai casi che vengono scoperti e con le limitazioni tacitamente imposte dallo stesso clientelismo.

Così, in ambito universitario, abbiamo il fenomeno che in Italia viene spesso indicato con il termine "baronie universitarie", ma che in modo più generale può essere definito come il prevalere della devozione al "professore potente" sulla meritocrazia. Ciò significa che l'aspirante docente, se è devoto a un professore potente (cioè a dire, se ha "un Santo in paradiso"), verrà aiutato a divenire egli stesso un professore, e poi, da questa posizione, ricambierà il favore che ha ricevuto. Ma il clientelismo, come dicevo, si manifesta a tutti i livelli nel mondo accademico; esso influenza la copertura non solo dei posti di docente, ma anche di quelli dell'amministrazione universitaria e financo di quelli dei bidelli.

Nelle alte sfere dell'economia, il clientelismo impera nell'assegnazione di posti di alta dirigenza (nei consigli di amministrazione o in altre posizioni di potere) nelle grandi imprese nonché nelle gare per l'assegnazione degli appalti. L'ombra del clientelismo si estende su gran parte delle assegnazioni dei grandi appalti pubblici e privati (nei quali sono in gioco forti interessi). Ma, ancora una volta, sottolineo che il clientelismo influenza anche l'attribuzione di "posti" di minore rilievo e nell'espletamento delle gare per appalti di media o piccola dimensione.

In campo politico, il clientelismo trova il terreno più fertile per il suo fiorire. In maniera schematica, possiamo dire che esso si manifesta attraverso tre meccanismi principali.

Un *primo* meccanismo consiste nel cosiddetto "voto di scambio", cioè nel chiedere (o offrire) voti in cambio di "favori" di vario tipo.

Un *secondo* meccanismo consiste nella violazione delle regole vigenti da parte di politici "potenti" e di amministratori della cosa pubblica, nel senso che, anziché seguire le regole e rispettare l'uguaglianza dei *diritti* dei cittadini, essi concedono *favori* ai loro "protetti" (in cambio di ricompense varie); ciò avviene tipicamente nell'espletamento delle gare per appalti pubblici, ma anche negli altri molteplici atti della pubblica amministrazione (in altri termini, viene violata la imparzialità della pubblica amministrazione che, in Italia, è sancita dalla costituzione).

Un *terzo* meccanismo consiste nel legiferare (da parte del parlamento) e nell'amministrare lo Stato avendo come fine non il bene comune (come definito dalla Costituzione di ogni Stato democratico), ma gli interessi (o, più in generale, le preferenze) di singoli individui o di gruppi "vicini" a questo o a quel partito o uomo politico. Questo meccanismo, quindi, si svolge a un più alto livello: non già nell'attuazione pratica delle leggi e dei regolamenti, ma nella loro definizione e attuazione da parte del parlamento e del governo.

È interessante notare che il culto dei santi è presente persino in ambienti nei quali nessuno, di primo acchito, penserebbe di trovarlo, qual è l'ambiente mafioso. È noto, infatti, che diversi mafiosi sono devoti a un Santo protettore, dal quale si aspettano, e dal quale invocano, protezione e favori. Come dire che il mafioso, che è (o si crede) potente (di un potere ottenuto con la minaccia e/o la pratica della violenza) e, come tale, concede favori e impone prepotenze, si rivolge a sua volta a un potente che egli crede più potente di lui (il suo Santo) invocandone la protezione e i favori. Il complesso e intrigante fenomeno della devozione dei mafiosi ai santi è stato descritto e discusso in diversi pubblicazioni, quali *"Il signore sia coi boss. Storie di preti fedeli alla mafia e di padrini timorosi di Dio"* (di Enzo Mignosi) e *"La Mafia Devota. Chiesa, Religione, Cosa Nostra"* (di Alessandra Dino), alle quali si rimanda per ulteriori informazioni.

A questo punto, una riflessione s'impone: se il culto dei santi come "protettori" porta a una società corrotta, cioè, nella quale avvengono numerosi atti illegali, questi atti dovrebbero essere controllati (prevenuti e sanzionati) dalla magistratura e dalle forze dell'ordine; esiste dunque uno scontro tra magistratura e forze dell'ordine, da una parte, e cattolici devoti ai loro Santi, dall'altra? Per rispondere a questo interrogativo, bisogna ricorrere alle considerazioni che seguono.

Le azioni compiute dai cittadini (uomini e donne) non si possono distinguere in maniera netta in legali e illegali; inoltre, alcune (forse molte) azioni illegali non sono pubblicamente dimostrabili, non si può, cioè, dimostrare pubblicamente che esse siano illegali.

Tra le azioni legali e quelle illegali, esiste una zona grigia di transizione che comprende azioni, per cosi dire, "borderline". Supponiamo che un ipotetico dirigente di un ufficio pubblico debba gestire un concorso interno per un avanzamento di carriera tra il personale che lavora alle sue dipendenze. Questo dirigente redige il bando di concorso e lo rende pubblico quindici giorni prima della data nella quale il concorso si deve svolgere, come prescritto dalla legge, e fissa la data del concorso in un giorno non festivo, ancora una volta come prescritto dalla legge; il bando viene reso pubblico il 30 luglio ed il concorso espletato il 14 di agosto. Al concorso si presenta un solo candidato, che supera la prova. Come possiamo giudicare il comportamento di quel dirigente? Da una parte, esso appare perfettamente legale. D'altra parte, bisogna considerare che il nostro ipotetico dirigente sapeva che, per lunga consuetudine, tra il venti luglio e il venti agosto (periodo di massima calura estiva nell'ipotetico paese al quale ci stiamo riferendo) l'attività dell'ufficio si riduce al minimo e molti sono assenti perché in ferie. Pertanto, l'avviso riguardante la data del concorso sfuggirà a molti dei potenziali interessati, il che favorirà i pochi che potranno venirne a conoscenza. In base a ciò, potremmo al massimo accusare il dirigente di essere stato poco saggio per aver fissato il concorso in una data poco appropriata, ma la scarsità di saggezza non è un reato e non può, quindi, essere sanzionata dalla magistratura. Eppure, è possibile che il nostro ipotetico dirigente abbia in realtà seguito il *modello comportamentale anti-legalitario e corruttivo*, cioè abbia scelto le date per la pubblicizzazione e per l'espletamento del concorso in modo da escludere alcuni dei potenziali interessati e favorirne altri. [Ancora una volta, l'auto-giustificazione che sottostà a questo comportamento potrebbe essere la seguente: se i Santi favoriscono i loro protetti a scapito di altri, perché non posso fare lo stesso anch'io?].

Quanto alle *azioni illegali pubblicamente non dimostrabili*, possiamo esemplificarle come segue. Supponiamo che l'ipotetico dirigente che è stato sopra citato, nell'espletare il concorso per l'avanzamento nella carriera dei suoi dipendenti, infranga chiaramente la legge e i regolamenti, promuovendo il meno meritevole tra i concorrenti. Tutti i candidati (e tutti i dipendenti) conoscono questa illegalità, sicché la notizia si diffonde e arriva a conoscenza delle forze dell'ordine e della magistratura. Viene aperta un'inchiesta ma, quanto il magistrato inquirente interroga i dipendenti di quell'ufficio, tutti negano di sapere di aver visto gli atti illegali compiuti dal dirigente, per paura delle ritorsioni da parte di quest'ultimo. Pertanto, l'inchiesta deve essere necessariamente archiviata.

L'esempio sopra citato dimostra l'importanza di un fenomeno che viene spesso sottovalutato (vedere il mio recente libro – Belfiore 2012): la possibilità di un *condizionamento esterno della magistratura* (e delle forze di polizia), nel senso che i criminali che hanno molto potere possono impedire (o rendere difficile) il reperimento delle prove di una data azione illegale; oppure, al contrario, possono agevolare il reperimento di prove altrimenti difficili da trovare, o creare addirittura prove false (ma apparentemente vere), allo scopo di favorire loro stessi o i loro complici o i loro protetti, oppure di danneggiare i loro rivali o nemici.

Da quanto sopra accennato, risulta evidente che la magistratura può colpire solo i casi nei quali sia evidente una violazione di legge e quelli che sono conosciuti e pubblicamente dimostrabili. Sfuggono, quindi, alla magistratura e alle forze dell'ordine i casi incerti o "borderline" e i casi pubblicamente non dimostrabili. A questi, bisogna aggiungere i molti casi nei quali i responsabili rimangono sconosciuti. In realtà, le azioni consistenti in violazione di legge evidente e che siano anche pubblicamente dimostrabili sono una minoranza rispetto alle azioni che possiamo definire come: *(a)* azioni formalmente legali ma in realtà espressione dell'adozione del *modello comportamentale antilegalitario e corruttivo*; *(b)* azioni francamente illegali che rimangono sconosciute; *(c)* azioni illegali note ma di cui rimangono sconosciuti i responsabili (nella maggior parte dei casi di furto, i responsabili rimangono sconosciuti); e *(d)* azioni illegali che risultano pubblicamente non dimostrabili. Ciò significa che le leggi, la magistratura e le forze dell'ordine possono colpire solo una minoranza dei casi d'illegalità che realmente accadono, mentre la maggioranza di tali casi rimane impunita. Per i molti casi che sfuggono all'azione della magistratura, il solo rimedio possibile consiste nella sensibilità della comunità verso il rispetto della legge. Ma in una comunità nella quale vi sia una diffusa adozione del *modello comportamentale anti-legalitario e corruttivo*, come quella cattolica, pervasa dal culto del Santo protettore, è proprio il rispetto della legalità che è assente o almeno carente. Si viene così a stabilire un *circolo vizioso*, in quanto la diffusione del modello corruttivo impedisce che nella comunità nascano iniziative contro la corruzione, e la mancanza di iniziative contro la corruzione favorisce il diffondersi del modello corruttivo.

Capitolo VII — Segni Esteriori di Potere e Ricchezza

I cattolici sono abituati a vedere i rappresentanti dell'alta gerarchia ecclesiastica, nei momenti più significativi dal punto di vista religioso (quali sono quelli delle cerimonie liturgiche), ammantati da paramenti *vistosi*, che colpiscono la vista e l'immaginazione come segni di grande potenza e autorità, di distacco gerarchico dai comuni mortali. E gli ambienti, spesso sontuosi, nei quali gli alti gerarchi ecclesiastici si muovono, e il fasto di cui si circondano, rafforzano questo effetto di grandezza e di potere. A ciò si aggiunge la ricchezza degli ornamenti (esempio: anelli con pietre preziose), nonché l'oro e le gemme preziose che adornano alcune statue di Santi o della Madonna, etc. Tutto ciò conferisce alle alte sfere della gerarchia cattolica, oltre alla caratteristica del *potere* (ascendente religioso, con tutto ciò che questo comporta), anche quella della *ricchezza*. I cattolici subiscono, quindi, questa doppia influenza: da un lato, formalmente la Chiesa cattolica predica l'elogio della povertà e semplicità ("Beati i poveri in spirito, perché di essi è il regno dei cieli". *Vangelo secondo Matteo* 5,3) e dell'umiltà ("gli ultimi saranno i primi". *Vangelo secondo Matteo*, 20,16), e molti preti delle parrocchie periferiche spesso danno testimonianza di ciò; dall'altro, gli alti prelati, nella vita reale e concreta, sfoggiano i segni appariscenti del potere e godono dei benefici della ricchezza. Come dire, i cattolici notano che, mentre in teoria si elogiano i modi di vita che potremmo definire "francescani", in pratica si dà importanza all'esteriorità e all'apparenza associate alla ricchezza. E la forma è una cosa, la sostanza è altra (e ben diversa) cosa. Questa diversità tra ciò che viene formalmente predicato e ciò che si pratica nella vita concreta ricorda il contrasto tra le leggi che si dovrebbero in teoria osservare e la consuetudine a ignorarle nella vita di ogni giorno.

A questo punto, due precisazioni sono necessarie.

Segni Esteriori di Potenza e Ricchezza

Primo, è del tutto giustificato che i ministri della Chiesa cattolica portino dei segni esterni che li rendano riconoscibili da parte dei fedeli, specialmente nelle cerimonie liturgiche. Ciò che sembra criticabile è l'eccessiva appariscenza e sontuosità dei vestimenti, che trasmette un segno di potenza e di distacco gerarchico dal popolo dei fedeli e specialmente dai più umili. Io credo che sarebbe sufficiente indossare sempre vestimenti semplici, anche durante i riti liturgici.

Secondo, in rapporto all'ampiezza della organizzazione della Chiesa cattolica, appare necessario disporre di adeguati mezzi economici, che possano rendere possibile svolgere le molteplici attività che essa svolge nel mondo. È giusto, cioè, che la Chiesa disponga dei mezzi economici necessari per rendere la sua organizzazione efficiente. Quello che appare criticabile è il godimento di una ricchezza (e della potenza che ne deriva) che va al di là delle esigenze funzionali della Chiesa.

Ciò detto, rimane l'effetto negativo che l'esempio dell'ostentazione delle "insegne di potere" e di ricchezza induce nell'animo dei cattolici, i quali saranno indotti, anche inconsciamente, a ricercare e ad ostentare potere e ricchezza, a perseguire l'apparire anziché l'essere, a dar maggior peso alla forma rispetto alla sostanza. Il contrasto, poi, con la predicazione, diretta a inculcare il disprezzo per le cose terrene, come potere e ricchezza, a favore delle virtù cristiano-cattoliche, finisce per indurre i cattolici all'ipocrisia: predicare la virtù e praticare il vizio.

Questo *modello comportamentale ipocrita*, interiorizzato dai cattolici, si manifesta nei vari ambiti della vita sociale.

Gli esempi più tipici si riscontrano nel campo della politica (ed anche in quello dell'economia), dove ogni "leader" (cioè, ogni personaggio che occupa una posizione politica di rilievo) predica ufficialmente le virtù civiche e pratica ufficiosamente (cioè, nella vita concreta) il vizio della ricerca e dell'ostentazione del potere, e della corruzione che a ciò spesso si associa.

Un'altra conseguenza negativa dell'adozione del *modello comportamentale ipocrita* viene subita dallo stesso alto clero, il quale, abituato all'ostentazione di potere e ricchezza, spesso mostra apprezzamento per coloro che nella società (siano essi uomini politici o ricchi imprenditori) sono e si mostrano ricchi e potenti, e come tali si comportano; e forse questi ricchi e potenti personaggi finiscono con l'essere considerati e rispettati più dei deboli e degli umili. Da qui, il sospetto che le alte gerarchie ecclesiastiche finiscano per comportarsi da deboli con i potenti e da potenti con i deboli.

Ma, oltre ai potenti del mondo politico ed economico sopra menzionati, e forse agli alti prelati, è tutta la società a essere negativamente influenzata da quello che ho chiamato *modello comportamentale ipocrita*: predicare la semplicità e il distacco dalla ricchezza e praticare la ricerca e l'ostentazione del potere e del denaro. Potremmo, dunque, chiederci: virtù francescane, dove siete?

Capitolo VIII — Pseudo-Valori e Pseudo-Disvalori

Come indica il titolo di questo capitolo, il mondo cattolico è caratterizzato dal perseguimento di falsi valori o *pseudo-valori* e dalla condanna di falsi disvalori o *pseudo-disvalori*.

Tra gli *pseudo-valori* perseguiti dai cattolici, ci basti ricordare la *castità*, il *timore di Dio* e l'osservanza di alcuni *precetti della Chiesa*.

Riguardo alla *castità*, o "purezza", è da rilevare che il popolo dei cattolici è ossessionato da tutto ciò che riguarda il sesso. Praticare una normale attività sessuale, anziché l'espressione di una sana personalità, viene considerata come qualcosa di peccaminoso, di immorale, nella convinzione che la pratica della normale sessualità sia sinonimo di peccato. La pseudo-virtù della castità viene tenuta nella massima considerazione, fino a sovrastare ogni altra qualità positiva della persona umana, specialmente nelle donne. Pertanto, avviene che nel giudicare una donna viene attribuita scarsa importanza alla sua intelligenza, sensibilità, onestà, etc., perché ciò che conta e se essa sia o meno casta. Capita quindi che una donna ottusa, gretta, insensibile, meschina, invidiosa ma casta venga anteposta a una che sia intelligente, di larghe vedute, sensibile, generosa, affettuosa ma che abbia avuto esperienze sessuali (ovviamente, qui ci riferiamo a esperienze sessuali serie, espressione di seri sentimenti). Il culto del disvalore "castità" e la condanna di ogni esperienza sessuale che non sia diretta alla procreazione intra-matrimoniale costituiscono le note essenziale di un modello comportamentale che possiamo definire *modello comportamentale sessuofobico*. Questo spiega la condanna dell'omosessualità da parte de cattolici, poiché gli atti sessuali degli omosessuali *non* sono, ovviamente, diretti alla procreazione. Le terribili conseguenze dell'adozione del modello sessuofobico sono ben note, e vanno dall'oppressione delle donne, alla loro incapacità di godere del sesso, al delitto d'onore, al senso di colpa inculcato soprattutto nelle anime degli ingenui, etc.

Lo pseudo-valore della castità può essere considerato come facente parte di una più ampia classe o categoria di pseudo-valori, che include l'osservanza di tutte le prescrizioni della dottrina cattolica, cioè *l'osservanza dei precetti* della Chiesa cattolica, osservanza che è basata sul *timore di Dio*; coloro che rispettano queste prescrizioni sono i *timorati di Dio*. Costoro osservano i dieci comandamenti (la maggior parte dei quali sono assolutamente da accettare) nonché i cinque precetti della Chiesa cattolica e considerano "peccato" grave o mortale ogni inosservanza di tali precetti. Questi, tra l'altro, comprendono il precetto di "partecipare alla Messa la domenica e le altre feste comandate" (*Catechismo della Chiesa Cattolica - Compendio* §432), la cui trasgressione costituisce "peccato mortale".

Per i cattolici, dunque, chi non va a messa la domenica e/o non osserva "l'obbligo di confessare i propri peccati gravi *almeno* una volta all'anno" (*Catechismo della Chiesa Cattolica - Compendio* §305) commette peccato mortale e merita la pena del fuoco eterno dell'inferno! Quale assurdità!

L'attribuzione d'importanza a pseudo-valori così assurdi e inconsistenti, e il conseguente sconvolgimento della gerarchia o priorità dei valori ha conseguenze di ampia portata che investono tutta la società e la sua organizzazione.

Per quanto riguarda gli *pseudo-disvalori*, essi sono l'opposto speculare degli pseudo-valori: l'impurità, l'inosservanza dei precetti della Chiesa, e alcuni dei "peccati" considerati tali dalla dottrina cattolica, quali l'aver divorziato o l'aver abortito o acconsentito ad un aborto (altri "peccati" sono giustamente riconosciuti come disvalori nella maggior parte delle democrazie occidentali).

Il perseguimento di valori e la condanna di disvalori che non sono realmente tali hanno un chiaro rapporto con il riconoscimento di regole assurde, trattate nel Capitolo III, poiché le regole assurde sono proprio quelle che impongono di perseguire falsi valori e di rifuggire da falsi disvalori. L'adesione a una così assurda concezione dei valori e dei disvalori può essere definita come l'adozione di un *modello comportamentale disvaloriale* che, come tutti i modelli comportamentali devianti, porta a gravi conseguenze in tutti gli aspetti della vita sociale. A conferma di ciò, possono essere ricordati numerosi esempi, quali: i numerosi "delitti d'onore" o, quando non si arriva al delitto, gli odi, le inimicizie e i comportamenti conseguenti; l'isolamento e la tacita condanna di persone in realtà innocenti; l'attribuzione di meriti a persone non meritevoli; etc.

È da notare che alcune delle "regole" la cui inosservanza costituisce peccato per i cattolici sarebbero accettabili se considerate nel loro significato simbolico. Così, il precetto di "partecipare alla Messa la domenica" (vedi sopra) sarebbe accettabile (invero, avrebbe un grande significato) se inteso come un monito rivolto a ogni uomo o donna affinché, anche se la maggior parte del tempo viene dedicato al perseguimento di fini egoistici (alle cose materiali o terrene), vi siano anche dei giorni (le domeniche) nei quali si pensi alle cose dello spirito, cioè ai problemi etici e al senso morale della vita, perché ciò serve a rendere gli uomini più responsabili verso sé stessi e verso gli altri, e più consapevoli della loro natura e del loro destino. Se invece, come in realtà accade, si tenta di imporre una regola rigida (andare a messa tutte le domeniche), si trasforma un ammonimento giusto in una pretesa assurda.

Capitolo IX — Religione e Politica

La religione dovrebbe essere distinta dalla politica, e la Chiesa dallo Stato (laicità dello Stato), perché in uno Stato (che sia democratico) debbono poter pacificamente co-esistere diverse religioni. A volte, però, può nascere un contrasto tra i precetti della religione, difesi e promossi dai custodi e promotori della stessa (i membri della gerarchia ecclesiastica), e le prescrizioni di legge emanate dal parlamento. Ciò è dovuto al fatto che una religione può essere considerata come una concezione generale della vita e del mondo, una dottrina comprensiva, basata sulla fede (e non sulla ragione, come le concezioni filosofiche del mondo) che, come tale, include anche precetti di natura morale e quindi vincolanti per i "fedeli". E tra i precetti religiosi e le leggi dello Stato può sorgere un contrasto.

Esaminiamo brevemente le condizioni nelle quali un tale contrasto può sorgere (vedere anche il mio recente libro – 2012).

Quando i precetti religiosi e le prescrizioni di legge concordano (sia nel comandare che nel proibire determinate azioni), non vi può essere ovviamente alcun contrasto.

Quando i precetti religiosi proibiscono ciò che le leggi prescrivono, il contrasto è inevitabile. Ad esempio, se in un dato paese a forte incremento demografico la legge prescrive che i genitori possono avere un massimo di due figli e che a ogni successiva gravidanza si *deve* ricorrere all'aborto, pena una severa sanzione; e se la religione dominante il quel paese considera l'aborto come un peccato grave, allora il contrasto è inevitabile. Lo stesso vale nei casi nei quali i precetti religiosi prescrivono ciò che le leggi proibiscono. In questi casi, una via d'uscita potrebbe essere trovata se il cittadino riesce a distinguere la sua concezione morale *privata* (alla quale egli aderisce come *individuo* o *persona*) dalla concezione morale *pubblica*, imposta dallo Stato attraverso le sue leggi (alla quale egli aderisce come *cittadino*). Ma certamente una tale distinzione non è semplice da accettare, né facile da attuare.

Quando, invece, i precetti religiosi proibiscono ciò che la legge permette (cioè, ciò per cui la legge non sanziona), non dovrebbe esserci contrasto. È questo il caso dell'aborto, come regolato dalla legge in diversi paesi occidentali, nei quali la legge, entro certi limiti temporali e a determinate condizioni, *consente* l'aborto. Dico che non dovrebbe esserci contrasto perché ogni cittadina è *libera* di seguire i precetti della sua religione, che le vietano di abortire, o di abortire se non intende uniformarsi ai precetti religiosi. E invece, con riferimento alle leggi sull'aborto (e su altre azioni proibite dalla religione ma *ammesse* dallo Stato) la gerarchia ecclesiastica cattolica svolge un'intensa azione di propaganda volta a contrastare l'emanazione di tali leggi. Ciò è incomprensibile e ingiustificato, perché nessuna forzatura viene esercitata sulla coscienza dei fedeli, che restano *liberi* di seguire o meno i dettami della loro religione. A ben pensare, la pretesa da parte della gerarchia ecclesiastica cattolica di ottenere che le leggi proibiscano ciò che la religione proibisce significa pretendere di *imporre* l'osservanza dei precetti religiosi per mezzo della polizia, il che sarebbe una pretesa indegna. Quale significato, dal punto di vista religioso, potrebbe avere l'osservanza dei precetti religiosi se questi sono imposti per legge? Evidentemente, nessuno.

Dal punto di vista portato avanti in questo libro, il problema nasce dal fatto che il popolo dei cattolici recepisce e, per così dire, subisce l'indicazione delle gerarchie ecclesiastiche, e tiene conto, nel suo orientamento politico, delle ingiustificate pretese della Chiesa, che potrebbero essere senz'altro definite come indebite ingerenze nella sfera della politica. È evidente che nei paesi a larga maggioranza cattolica (esempio tipico, l'Italia, dove, inoltre, ha sede il Vaticano, con tutto ciò che questo comporta), l'influenza che i cattolici subiscono da parte della Chiesa si traduce in una grave distorsione della libera attività politica della società.

Quanto è stato sopra detto a proposito dell'aborto potrebbe essere ripetuto per altre azioni proibite dalla Chiesa ma permesse dallo Stato, quale la possibilità di praticare il *divorzio*. Anche in questo caso, lo Stato non impone con le sue leggi un determinato comportamento, ma lascia liberi i cittadini di scegliere, in base ai loro convincimenti e sentimenti religiosi o, più in generale, morali, la via da seguire. Eppure, nei paesi a maggioranza cattolica, anche la legislazione sul divorzio ha richiesto, per essere attuata, una difficile opera di convincimento per contrastare la propaganda e l'ingerenza della Chiesa. L'arbitraria e ingiustificata interferenza della gerarchia ecclesiastica cattolica nella sfera politica spinge molti cattolici all'intolleranza politica, cioè, li spinge ad adottare un *modello comportamentale intollerante.*

Da quanto sopra esposto, appare evidente che il popolo dei cattolici, subendo l'influenza delle posizioni assunte dalla Chiesa, non riesce a ben distinguere la sfera della religione da quella della politica. Vero è che la commistione tra religione e politica è ancor più stretta nei popoli seguaci di altre religioni (esempio: l'Islam), ma ciò non toglie che essa debba essere considerata come una commistione indebita e ingiustificata.

Capitolo X — Cattolicesimo: Causa o Conseguenza?

Nei capitoli precedenti, ho tentato di tracciare un breve quadro degli effetti negativi che il Cattolicesimo, come inteso e recepito dalla maggioranza dei cattolici, esercita sulla vita privata e pubblica nelle società nelle quali esso rappresenta la religione dominante.

Nei vari capitoli, ho discusso separatamente alcuni degli aspetti della dottrina e dei comandamenti (intesi in senso lato) del Cattolicesimo, e ho indicato per ognuno di tali aspetti il tipo di modello comportamentale negativo che veniva favorito o indotto. Se ora tentiamo di mettere insieme i vari aspetti che abbiamo considerato, se tentiamo, cioè, di fare una sintesi di tutte le conseguenze del Cattolicesimo, ne risulta un quadro a cui corrisponde un modello comportamentale assai negativo e complesso, che riassume i vari *modelli* comportamentali che abbiamo di volta in volta menzionato, cioè dire un *modello comportamentale autoritario, superstizioso-miracolistico, anti-legalitario, immorale, maschilista, corruttivo, ipocrita, sessuofobico, disvaloriale e intollerante.* In breve, questo può essere indicato come il *modello comportamentale cattolico.*

Appare quindi evidente che l'adozione di un tale anomalo modello comportamentale debba necessariamente condurre a una società corrotta e disordinata e, conseguentemente, culturalmente arretrata ed economicamente poco evoluta. Bisogna aggiungere che il Cattolicesimo (come ogni religione) è un fattore del tutto particolare rispetto ad altri fattori che possono influenzare i convincimenti, il sentire, e quindi il comportamento degli uomini, quale, ad esempio, l'educazione scolastica. Infatti, come è stato notato, gli effetti dell'educazione scolastica vengono subiti solo nella prima fase della vita, e quindi possono essere in seguito attenuati o corretti dall'insegnamento che si trae dall'esperienza della vita e dalla riflessione sui principi e valori etici da seguire. Il Cattolicesimo, invece, come ogni altra religione, una volta che venga abbracciato, eserciterà la sua influenza per tutta la vita, dalla fanciullezza alla morte.

A questo punto, però, dobbiamo porci una domanda fondamentale: l'adesione al Cattolicesimo è la causa o la conseguenza del comportamento *autoritario, superstizioso-miracolistico, anti-legalitario, immorale, maschilista, corruttivo, ipocrita, sessuofobico e disvaloriale* che è stato descritto nei capitoli precedenti? In altri termini, è l'adesione al Cattolicesimo che induce un tale comportamento o è la naturale propensione a tale comportamento che porta all'adesione al Cattolicesimo? La risposta a tale domanda non è semplice. Credo, comunque, che la questione sollevata da questa domanda costituisca un aspetto del più ampio problema se il comportamento degli esseri umani sia dovuto soprattutto a fattori endogeni (cioè al patrimonio genetico) o a fattori esterni-ambientali (culturali, religiosi, economici, etc.). Anche se è chiaro che non è questa la sede per affrontare, neanche concisamente, un problema così complesso, credo che possiamo assumere come un'ipotesi molto proba-

bile che il comportamento umano risulti dagli effetti combinati di entrambi i fattori,
l'endogeno e l'esogeno, e che le incertezze, e
i relativi dibattiti, riguardino il diverso "peso" che viene attribuito a ciascuno dei due
fattori. Invero, credo che il "peso" dei due
fattori vari da persona a persona in base alle
caratteristiche delle varie personalità: la
personalità che, con parole semplici, possiamo definire come "forte" subirà meno l'influenza esogena o ambientale, mentre la
personalità "debole" la subirà in misura
maggiore. Per semplicità, possiamo ipotizza-
re che, in media, entrambi i tipi di fattori
contribuiscano al comportamento umano in
ugual misura, cioè ciascuno nella misura
del 50%. In base a ciò, dobbiamo brevemente considerare il ruolo del fattore endogeno o
genetico e di quello esogeno o ambientale nel
determinare il comportamento dell'uomo
cattolico, che abbiamo descritto nei capitoli
precedenti. Bisogna però precisare che il fattore "Cattolicesimo" è uno dei vari fattori
ambientali che determinano il comportamento umano. Quindi, anziché considerare
il binomio "fattori ambientali" verso "fattori
genetici", dobbiamo considerare il binomio

"Cattolicesimo" verso "altri fattori ambientali + fattori genetici"; ai fini del nostro discorso, potremmo indicare quest'ultimo termine del binomio come "fattori non-cattolici".

I *fattori extra-cattolici* sembrano essere chiamati in causa dal fatto che alcune manifestazioni tipiche del comportamento dei cattolici, quali il culto dei santi, siano molto più profondamente sentite e diffusamente praticate dai cattolici di alcune aree geografiche (Sud-Europa, America latina) rispetto ad altre (Nord-Europa, Nord-America). Quanto al fattore *Cattolicesimo*, il suo ruolo sembra suggerito dall'osservazione che tra gli abitanti di una stessa area geografica, i cattolici manifestano un comportamento che differisce da quello dei non cattolici per quanto riguarda le caratteristiche che sono state descritte nei capitoli precedenti. Per tener fede alla natura semplice di questo volumetto, non è possibile approfondire qui questo complesso argomento che, peraltro, è dibattuto da tempi non recenti. Qui ricordo appena la tesi sostenuta dal protestante svizzero (di origini italiane) J. C. L. Simonde De Sismondi nella sua *Histoire des Républiques Italiennes du Moyen Age* (1809-1818) il qua-

le, nel Tomo XVI di quest'opera, e specialmente alle pp. 413-433, sostiene la tesi secondo la quale la Chiesa cattolica ha esercitato effetti negativi sulla morale degli italiani. Com'è noto, questa tesi fu confutata da
A. Manzoni nelle sue *Osservazioni sulla Morale Cattolica*, dove egli, a pagina V, afferma
che quella cattolica "è la sola morale santa e
ragionata; che ogni corruttela viene anzi dal
trasgredirla, dal non conoscerla, o dall'in-
terpretarla a rovescio, che è impossibile trovare contro di essa un argomento valido...".
Probabilmente, entrambe le tesi contengono
una parte di verità. O meglio, forse il Manzoni si riferiva al Cattolicesimo come concepito e sentito da un grande spirito, quale era
egli stesso, mentre il Sismondi si riferiva al
Cattolicesimo come concepito e sentito dalla
grande maggioranza dei cattolici, italiani e
non (cioè da quel 95% dei cattolici a cui io
stesso faccio riferimento in questo libro).

Ciò detto, appare interessante tentare di
capire quali sono le caratteristiche dei "fattori extra-cattolici" che favoriscono l'adesione al Cattolicesimo e quindi l'adozione del
modello comportamentale cattolico. Utile, a
tal fine, è il confronto tra le caratteristiche

delle popolazioni di aree tipicamente cattoliche, come quelle dell'Italia e della Spagna, e le caratteristiche delle popolazioni prevalentemente non-cattoliche, come quelle dell'Inghilterra e del Nord-Europa.

Le popolazioni tipicamente cattoliche mostrano una predilezione per quella che potremmo definire "morale privata", una morale che ha come fine o scopo il bene delle persone con le quali si stabilisce una relazione diretta e durevole, vale a dire una morale valevole nell'ambito dei familiari, dei parenti, degli amici e forse dei conoscenti; ciò a scapito di quella che potremmo definire "morale pubblica", basata sull'osservanza delle regole e delle leggi uguali per tutti. Una tale concezione morale si manifesta con molte delle caratteristiche presenti nelle popolazioni cattoliche. Si spiega su queste basi il senso profondo dei vincoli affettivi che legano tra di loro i familiari, i parenti e gli amici. Ciò è dimostrato, ad esempio, dai sacrifici a volte incredibili cui si sottopongono i genitori allo scopo di aiutare i figli (sostenendoli fino agli studi universitari, e oltre), e il forte desiderio di aiutare gli amici, anche a costo di ignorare o di violare le leggi che definiscono la morale pubblica (la quale è sentita come lontana e astratta). Lo stesso significato deve essere attribuito al forte senso di ospitalità riservato agli amici e conoscenti.

Per contro, le popolazioni prevalentemente non-cattoliche mostrano una predilezione per la "morale pubblica", come definita dalle norme, leggi e regole emanate dalle istituzioni democratiche. Questo tipo di morale, dunque, è più attenta all'osservanza delle regole, che per loro natura hanno la caratteristica della generalità, sono cioè uguali per tutti, e non consentono trattamenti particolari suggeriti dai sentimenti di affetto o di amicizia, o stimolati dai rapporti e dalla frequentazione. Questo tipo di morale spiega la debolezza dei vincoli affettivi familiari e parentali. Ciò è indicato dal fatto che i giovani, appena raggiunta la maggiore età, si staccano dalla famiglia e tentano di gestire autonomamente la loro vita; nonché dalla scarsa propensione dei genitori ad aiutare e sostenere i loro figli anche quando questi sono già maggiorenni (fatto, questo, che serve certamente a sviluppare il senso di responsabilità e aiuta la crescita e la maturazione della persona umana). Lo stesso significato riveste il trattamento riservato ad amici e conoscenti, che è sempre improntato al massimo rispetto ma è anche caratterizzato da una nota di distacco e di freddezza.

In conclusione, rimanendo fedele alla linea di estrema semplicità adottata in questo libro, possiamo schematicamente prospettare che il Cattolicesimo accentui o favorisca la propensione (naturale o acquisita) a dar maggiore peso alla "morale privata" rispetto alla "morale pubblica", il che significa privilegiare i rapporti interpersonali affettivi rispetto a quelli impersonali regolati dalle leggi. È evidente che la via da seguire è quella di una integrazione delle due forme di morale che, quando correttamente intese, non si escludono tra di loro ma anzi appaiono come le due componenti di una concezione morale generale che le comprende entrambe. Mi auguro che la riflessione su quanto è stato brevemente trattato in questo libro possa aiutare i cattolici a uscire dall'ambito della morale privata e ad abbracciare i principi e i valori propri di una concezione morale che includa sia l'ambito del "privato" sia quello del "pubblico".

Appendice: Perché la Religione?

Nei capitoli precedenti, ho descritto brevemente gli effetti "negativi" del Cattolicesimo. Ma nell'Introduzione di questo libro ho sottolineato come le conseguenze negative che, a mio avviso, sono esercitate dal Cattolicesimo (come percepito dalle masse) non sono una caratteristica esclusiva del Cattolicesimo, poiché altre branche del Cristianesimo e altre religioni possono causare simili o differenti conseguenze negative. Pertanto, una domanda fondamentale s'impone: se le religioni hanno conseguenze negative, come si può spiegare che tutti i popoli del mondo, in tutti i tempi, hanno professato una qualche forma di religione e hanno creduto nelle verità dogmatiche che tutte le religioni impongono ai loro seguaci? Invero, si potrebbe a tal riguardo far propria la posizione di vari pensatori, quali, ad esempio, B. Russell, il quale ha sottolineato che "What the world needs is not dogma, but an attitude of scientific inquiry" (1957: 165) ("Ciò di cui il mondo ha bisogno non sono i dogmi, ma un atteggiamento [mentale] di ricerca scientifica" – traduzione personale). Tuttavia, la diffusione, praticamente universale, delle credenze e dei sentimenti religiosi tra gli esseri umani suggerisce che tale fenomeno debba avere una motivazione profonda. La natura di questo libro, improntato a brevità e semplicità, non consente una discussione approfondita di questo complesso argomento. Pertanto, mi limiterò alle seguenti considerazioni elementari.

Bisogna tener presente che gli esseri umani hanno l'aspirazione insopprimibile di dare un senso alla loro vita e di avere una concezione del mondo nel suo insieme. Una piccola percentuale di persone (gli "intellettuali") tenta di basarsi su "un atteggiamento [mentale] di ricerca scientifica" (per usare le parole di Russell, sopra citate) e tenta di costruirsi una concezione filosofica del mondo che sia coerente e razionale; cioè, tenta di elaborare l'ipotesi più generale tra quelle possibili (o ipotesi suprema) sulla realtà nella quale viviamo, ipotesi che sia in qualche modo basata su dati osservazionali e/o deduzioni razionali. Questi "intellettuali" si accontentano di quel che può essere conosciuto o fondatamente ipotizzato dalla ragione umana, e rimangono neutrali sulle ipotesi possibili (ma indimostrabili) riguardo a ciò che rimane sconosciuto. Al contrario, la maggior parte degli uomini non possiede "un atteggiamento [mentale] di ricerca scientifica" o, più semplicemente, non possiede una mentalità razionale; piuttosto, come ho notato altrove (Belfiore 2007, p. 158), la maggior parte degli uomini è dominata dal profondo desiderio (invero, un reale bisogno dell'anima) di dare una qualche risposta alla questioni fondamentali concernenti il destino dell'uomo e il significato della vita e del mondo. Pertanto, (quasi tutti) gli uomini finiscono con il credere *per fede* ad alcune ipotesi indimostrabili, che in realtà sono fiabe fantastiche, comunemente chiamate religioni. Queste ultime, quindi, sono creazioni collettive fatte dall'intelletto umano mediante la sua capacità immaginativa, sotto lo stimolo delle aspirazioni e dei desideri propri dell'animo umano. In altri termini, la religione può essere definita come la filosofia elementare e romanticizzata delle masse. Così, il desiderio di conoscere l'origine dell'universo e della vita viene soddisfatta immaginando che esista un Dio, il quale ha creato tutte le cose nell'universo; il forte desiderio di sopravvivere alla morte spinge a credere nella immortalità dell'anima; l'aspirazione a conoscere ciò che è bene e ciò che è male viene appagata accettando ciò che è stato stabilito da Dio; il desiderio di giustizia porta a credere che, dopo la morte, Dio ci giudicherà secondo un criterio divino e, quindi, assolutamente giusto; e così via. Per questi motivi, contrariamente all'affermazione di Russell sopra citata, che "Ciò di cui il mondo ha bisogno non sono i dogmi, ma un atteggiamento [mentale] di ricerca scientifica", possiamo affermare che la larga maggioranza degli esseri umani (eccezion fatta per l'esile categoria degli intellettuali impegnati nel campo delle scienze umane) non ha "un atteggiamento [mentale] di ricerca scientifica" e, conseguentemente, necessita proprio di un sistema di "dogmi" (non importa se irrazionali e ingiustificati) in grado di fornire una qualche concezione del mondo e alcuni "valori morali" e le conseguenti norme di condotta.

Per tutti questi motivi, la religione, con le relative credenze e il coinvolgimento affettivo, e con le conseguenti regole e precetti, sarà sempre presente in tutte le società composte da esseri umani.

Vorrei ancora una volta sottolineare che il credere in Dio costituisce una posizione mentale rispettabile; ciò che è criticabile è il modo in cui la maggior parte degli individui concepisce Dio e la religione, che consiste in alcune credenze in fatti immaginari al fine di "spiegare" i molti aspetti sconosciuti dell'universo osservabile e di appagare le innumerevoli aspirazioni dell'animo umano.

Bibliografia Essenziale

BELFIORE, FRANCESCO (2007). *The Ontological Foundation of Ethics, Politics, and Law.* Lanham, MD: University Press of America.

BELFIORE, FRANCESCO (2012). *The Democratic Society and Its Founding Concepts.* Lanham, MD: University Press of America.

BENEDETTO XVI (2010). *Luce del mondo* (una conversazione con Peter Seewald). Roma: Libreria Editrice Vaticana.

CATHOLIC CHURCH (2005). *Compendium of the Catechism of the Catholic Church.* United States Conference of Catholic Bishops. [see also: http://www.vatican.va/archive/compendium_ccc/documents/archive_2005_compendium-ccc_en.html].

CHIESA CATTOLICA (2005). *Catechismo della Chiesa Cattolica - Compendio.* Roma (Città del Vaticano): Libreria Editrice Vaticana. [vedere anche: http://www.vatican.va/archive-

/compendium_ccc/documents/archive_2005-
_compendium-ccc_it.html.

COSTITUZIONE DELLA REPUBBLICA ITALIANA.
vedere: http://www.quirinale.it/qrnw/statico/-
costituzione/pdf/costituzione.pdf.

DINO, ALESSANDRA (2008). *La Mafia Devota. Chiesa, Religione, Cosa Nostra*. Roma-
Bari: Laterza.

GRANDE DIZIONARIO GARZANTI della Lingua
Italiana (2005). Milano: Garzanti Linguisti-
ca.

MANZONI ALESSANDRO [1840-42]. *I promessi sposi*. Milano: Mondadori, 1999.

MANZONI, ALESSANDRO [1819]. *Morale Cattolica: Osservazioni*. Sanminiato: Tipografia
Vescovile di A. Canesi, 1835.

MIGNOSI, ENZO (1993). *Il signore sia coi
boss. Storie di preti fedeli alla mafia e di padrini timorosi di Dio*. Palermo: Arbor.

MILL, JOHN STUART [1861]. "Considerati-
ons on Representative Government", in *On
Liberty and Other Essays*, edited by John
Gray. New York: Oxford University Press,
1998.

O.N.U. [1948]. *Dichiarazione universale
dei diritti dell'uomo*, a cura di M. Flores. Sie-
na: Barbera.

Bibliografia Essenziale

PIO IX (1869). *Concilio Vaticano Primo: Definizione della dottrina della fede cattolica e del primato e dell'infallibilità papale.* Vedere in: http://www.totustuustools.net/concili/vat1-.htm.

PIUS IX (1870). *Pastor Aeternus. Costituzione Dogmatica del Concilio Vaticano I.* Vedere in: http://www.zammerumaskil.com/pastoraeternus.html.

POWELL, MARK E. (2009). *Papal Infallibility: A Protestant Evaluation of an Ecumenical Issue.* Grand Rapids, MI: William B. Eerdmans Publishing.

RUSSELL, BERTRAND [1957]. *Why I am Not a Christian.* London: Routledge, 2004, p. 165.

SICLARI, MASSIMO (2007). *La costituzione della Repubblica italiana nel testo vigente.* Roma: Aracne.

SISMONDI DE, J. C. L. SIMONDE [1809–1818]. *Histoire des Républiques Italiennes du Moyen Age*, Tome seizième. Paris: Treuttel et Wuertz, 1826.

TANNER, NORMAN P. (editor) (1990). *Decrees of the Ecumenical Councils*, 2 Volume Set. Washington, DC: Georgetown University Press.

Bibliografia Essenziale

VANGELO SECONDO MATTEO. Vedere in: http://www.liberliber.it/biblioteca/b/bibbia/la_sacra_bibbia/html/05_01.htm

ZINN, DOROTHY L. (2001). *La raccomandazione - Clientelismo vecchio e nuovo*. Roma: Donzelli.

Indice Analitico

Indice Analitico

Indice Analitico

Indice Analitico